검·은·꽃

검·은·꽃

김순경 수필집

수필과비평사

| 작가의 말 |

　세월은 덧없이 흘러갔다. 아귀다툼하듯 웅성대던 소리마저 멎고 적막만이 흐른다. 세상이 바뀐 줄도 모르고 인의 장막에서 헉헉대다 어느새 반백이 되었다. 아껴주고 감싸주던 껍질 같은 사람들이 하나둘 떠나가자 황량한 벌판에 홀로 남은 듯 허전할 때가 많다.
　다섯 번째 수필집이다. 처음 글밭에 발을 들여놓으며 세웠던 목표다. 무리라는 생각이 들었지만 좌고우면하지 않았다. 강산이 변한다는 십 년 만에 목표 달성을 눈앞에 두고 있다. 어떤 경로든 발표한 글이 대부분이지만 기억할 수 있을 때 조금이라도 더 다듬고 담아두려 한다.

쉼 없이 달려왔던 사십 년 직장 생활도 지난여름 끝이 났다. 그새 식구도 많이 늘었다. 지난해 손녀 둘이 태어나면서 열 명이 되었다. 간간이 두 아들네 식구가 몰려오면 조용하던 집안이 난장판으로 변한다. 그래도 웃음이 먼저 터진다. 예전에 아버지 어머니가 그랬던 것처럼. 갓 태어난 손녀들이 이 책을 펼쳐 드는 모습을 상상하며 퇴고를 마친다.

2024년 늦봄
김순경

| 차례 |

작가의 말

제1장 하늘 물고기

- 12 껍질
- 18 하늘 물고기
- 22 승蠅, 덧없는 삶
- 28 비질
- 34 춘풍추상
- 37 독살
- 44 등대지기
- 51 뜸
- 56 서열
- 61 줄 타다

제2장 사북

- 68 사북
- 74 수정방
- 79 종풍
- 85 추어탕
- 90 빗장을 풀다
- 96 커닝 단상
- 101 석연石硯
- 106 퇴근
- 111 액땜
- 116 한마디 하고 싶어도 참는다

제3장　검은꽃

122　검은 꽃
127　역류
133　충복의 변
138　농막, 노을에 젖다
143　초보 고수
146　가지치기
151　강물의 노래
155　매질
161　과외 선생님
166　힘 빼기

제4장　마지막 그림

172　집에 가자
176　마지막 그림
182　묘박지에 피는 꽃
189　라면과 수제비
194　봉창
198　청심헌 반시
203　억새꽃
208　한여름 분갈이
213　허청虛廳
218　형제의 무대

제1장

하늘 물고기

껍질
하늘 물고기
승蠅, 덧없는 삶
비질
춘풍추상
독살
등대지기
뜸
서열
줄 타다

껍질

 거칠고 투박한 껍질만 남았다. 염습을 기다리는 주검처럼 어떤 시선도 개의치 않는다. 온몸을 감싸던 주인 잃은 갑옷같이 질곡의 역정이 곳곳에 배어있다. 가끔 불어오는 봄바람을 타고 또 다른 생명이 육신을 파고든다.
 산을 오르다 고사목을 만났다. 조금 남은 껍질을 보니 육송이 분명하다. 해마다 불어나는 육신을 감당하느라 터지고 갈라진 흔적이 확실하지만, 아직도 썩어가는 밑둥치를 붙잡고 있다. 자세히 들여다보니 탄탄하던 육질은 간 곳 없고 마지막 남은 수액을 탐하는 벌레들만 정신없이 오간다. 쓰러질 듯 서 있는 수피樹皮에는 스스로 상처를 치유하던 고름 같은 송진이 아직도 딱지처럼

붙어 있다. 장갑을 벗고 손바닥을 갖다 대니 바쁘게 오가던 개미들이 놀란 듯 달아난다.

껍질 없는 나무는 없다. 백일홍처럼 매끈하거나 마른버짐같이 허연 자작나무도 있고 강하고 두꺼운 굴피나무도 있다. 나무 중에서 가장 크게 갈라지고 두꺼운 것은 소나무가 단연 으뜸이다. 비가 오면 흠뻑 물기를 머금었다가 잔나비버섯이나 한입버섯 같은 갖가지 버섯이 뿌리를 내리고 소나무 담쟁이가 우듬지를 향해 머리를 치켜들도록 수분을 공급한다. 갈라지고 터진 틈새만큼이나 거친 삶을 살면서도 수많은 미생물과 곤충, 버섯과 이끼들을 보듬고 간다.

짐승도 가죽이 있다. 형태만 다를 뿐 한평생 살을 보호한다. 때로는 찢기고 떨어져 나가도 스스로 토해내는 진물로 아물어간다. 누가 시키거나 돌봐주는 이가 없어도 날마다 노화된 각질을 벗겨내고 탄력 있는 거죽을 만든다. 벌레들이 지나치게 파고들면 진흙밭에 뒹굴거나 바위와 나무에 피가 날 정도로 비벼대며 떨쳐내지만, 어지간해선 모른 척하며 그대로 둔다. 껍데기가 질기고 두껍다고 감각마저 무딘 것은 아니다. 어쩌다 모기에 물리면 살점이 가늘게 떨리고 벌에 쏘이면 천방지축으로 길길이 날뛴다.

벗겨진 껍질은 다르다. 투박한 소나무 껍질은 화목도 될 수 없지만, 가죽은 새롭게 태어난다. 질 좋은 모피는 값비싼 옷이 되어

귀부인의 사랑을 받고 질기고 탄력 있는 수피獸皮는 구두나 장식품이 되어 부자들을 보필하지만, 운이 나쁘면 북이 되고 장구가 되어 날마다 소리 지르며 전신을 떨어대야 한다. 속이 훤히 비칠 정도로 무두질당해도 싫든 좋든 두드리고 치는 대로 소리 질러야 한다. 신명 난 취객이나 흥겨운 채손이라도 만나는 날이면 찢어질 정도의 고통을 감내해야 한다.

쓰러진 나무는 노송이 아니다. 비탈진 산기슭이라 제대로 발을 뻗지도 못하고 겨우 연명하다 산사태를 만난 것이다. 내려다보니 절벽 같은 급경사에 수십 년을 버틴 것만 해도 대단하다는 생각이 든다. 원해서 돌밭에 뿌리를 내린 것은 아니나 솔방울이 떨어지고 싹이 트다 보니 어쩔 수가 없었다. 부엽토가 아닌 그곳은 불어나는 몸집을 지탱할 수 있는 토양이 아니다. 얼마나 악을 쓰며 버텼는지 죽어서도 붉은 흙을 잔뜩 움켜쥐고 있다.

바람이 불자 송홧가루가 모래바람처럼 피어난다. 해마다 갈참나무 잎이 진한 연녹색으로 변하는 사오월이면 어김없이 산천을 뒤덮는다. 두 팔 벌려 햇볕을 받아들이던 가지가 부러지고 삭정이가 되어도 우듬지는 송순을 올리고 가루를 멀리 날려 보낸다. 줄어드는 영역을 보전하려고 가지마다 솔방울을 만들고 씨를 매달지만, 온난화 때문인지 눈에 띄게 줄어든다. 무섭게 달려드는 칡넝쿨에 숨이 막히고 재선충병에 속수무책으로 당해도 봄이 오면 씨앗부터 만든다.

나무도 윤회할까. 한다면 다음 생은 어디에다 뿌리를 내릴지가 궁금하다. 비바람에 시달리지 않고 도끼질당하지 않는 낙원을 꿈꾸겠지만, 그런 곳은 어디에도 없다. 부잣집 정원수도 모양을 잡는다며 해마다 가지를 자르고 주리 틀 듯 비틀어 철사로 묶는다. 칼질을 당한 곳마다 백골이 드러나고 가지가 잘려 나간 곳에는 진물로 치유하다 아문 흔적이 뼈마디처럼 응어리져 있다.

석탑도 천년의 사연들이 가슴에 넘치면 껍질을 벗는다. 장엄하고 기백이 넘치는 감은사지 삼층석탑은 세월 앞에 무뎌져 가고 수많은 이야기를 간직한 익산 미륵사지 석탑은 육신마저 온전치 못해 수술을 거듭했다. 뭇사람들의 염원을 담아 쌓아 올렸던 단단한 돌탑도 모든 것을 다 보듬고 가지는 못한다. 모진 풍상을 견디지 못하고 해마다 한 겹씩 내려놓는다.

세파에 찌든 돌이끼를 끊임없이 털어낸다. 바람이 불 때마다 바위옷을 벗으려 애를 써 보지만 긴 세월 쌓인 업보를 쉽사리 지우지는 못한다. 날마다 예불을 올리던 승려도 웅장했던 전각도 없는 빈터를 함께 지키던 당간지주마저 떠나자 하루가 다르게 여위어 간다. 영원할 것 같던 화강암도 인간의 번뇌를 감당하지 못하고 흰빛을 잃어간다. 진애가 가득한 현세의 속박에서 벗어나려 발버둥을 치는 무수한 중생들의 갈등과 번민의 늪에서 허우적거린다. 밤마다 찾아오는 별빛과 이슬에 육신을 씻어보지만 떨어져 나가는 거죽은 어쩔 수 없다. 어쩌면 석탑도 마지막까지 벗어도 속이 보이지 않는 양파껍질 같은 존재인지도 모른다. 땅에 떨어져 흙이 되기도 전에 먼지가 되어 사라진다.

세상이 마음 같지 않다. 원해서 태어나는 것이 아니듯 삶도 어느 것 하나 만만한 것이 없다. 가끔가다 순풍을 만났는가 싶으면 갑자기 들이닥치는 돌풍에 송두리째 잃기도 하고 다시는 일어설 수 없을 것같이 망가져도 언제 그랬냐는 듯 되살아난다. 살다 보면 자신의 힘으로 할 수 있는 것이 별로 없다는 생각이 들 때가 많다. 돌밭이나 비탈에 자리 잡은 것도 산사태에 쓰러진 것도 자기 의지와는 거리가 멀다. 양지바른 좋은 환경에서 자손만대 부귀영화를 누리며 살고 싶지만 그런 경우는 드물다.

사람도 끝은 알 수가 없다. 한 치 앞도 분간할 수 없는 밤길을 걷듯 그저 나아갈 뿐이다. 해마다 무리한 목표를 설정하고 앞만 보고 달려가다가 자신도 모르게 낭패를 당하는 경우가 허다하다. 능력도 없으면서 입신양명을 꿈꾸거나 가난을 대물림하지 않겠다며 무리수를 두다가는 개미귀신에 홀린 줄 모르고 발버둥치는 개미 신세가 된다. 늘 먼 곳만 바라보지 말고 이따금 뒤도 돌아보고 옆도 챙기며 천천히 가는 삶이 훨씬 풍요롭고 알차다. 나이가 들수록 조금씩 내려놓고 자중자애하려 해도 검버섯처럼 덧없이 피어나는 노욕을 떨쳐내기는 쉽지가 않다.

　삶은 욕망의 껍질을 채우는 것이다. 부자든 권력자든 누구도 다 메우지는 못한다. 아무리 노력하고 애를 써도 결과는 마찬가지다. 지금도 허영과 야망에 찌든 사람들이 날마다 매스컴을 달군다. 살기 넘치는 눈빛도 탄탄하던 근육도 순간에 지나지 않는다는 것을 아는지 모르는지 무리 지어 설쳐댄다. 세월은 아무리 거들먹거리며 세상을 호령하던 사람도 때가 되면 다 거둬들인다.

　썩어가는 껍질 옆에 어린 소나무 수십 포기가 콩나물처럼 자란다. 하나라도 제대로 자랄 수 있을지 한참을 바라보다 발길을 돌린다. 바람이 불자 또 송홧가루가 사방에서 구름처럼 피어난다.

하늘 물고기

　사지를 쩍 벌리고 하늘에 걸려 있다. 효수를 당한 듯 장대 끝에 매달려 바람이 불 때마다 그네를 탄다. 가끔 불어오는 짭조름한 해풍에 마지막 남은 육신의 물기마저 날려 보낸다. 수천 년이 지나도 썩지 않은 깡마른 이집트의 미라같이 자신의 체취마저 포기한 채 먼 곳을 바라본다.
　만장처럼 주검이 줄줄이 늘어져 있다. 허공에 펄럭이는 깃발이 되어 이따금 전신을 흔들어댄다. 핏기 잃은 육신이 하루가 다르게 꾸덕꾸덕 말라가도 누구 하나 죽음을 안타까워하거나 애달파하지 않고 종종 지나가는 사람들도 스치듯 눈길만 줄 뿐 의미를 두지도 않는다. 얼었다 녹기를 반복하며 바다를 그리워하는 덕장의 황태같이 자연의 섭리 앞에서 본래의 모습을 잃어간다. 살점이 푸석푸석해지고 피골이 상접한 몰골이 되어도 보시하듯 햇살에 전신을 내어놓는다.

국민 물고기라 불리는 민어民魚다. 제사상에 올라가는 귀한 생선이다. 평소 부모를 제대로 봉양하지 못한 자식이라도 꼭 챙기는 제수 중에 하나다. 말린 민어로 만든 민어찜은 여름이 제철이라고 한다. 복더위에 민어찜은 일품, 도미찜은 이품, 보신탕은 삼품이라 할 정도로 더위에 지친 기력 회복에는 최상의 보양식이다. 부레는 먹기도 하지만 햇볕에 말렸다가 장롱이나 문갑은 물론 합죽선의 부챗살을 붙이는 풀의 재료가 되기도 한다.

예나 지금이나 곡식과 생선을 말려서 저장한다. 오래도록 먹으려면 썩지 않게 물기부터 없앤다. 곡식이야 낱알을 그냥 말려도 물고기는 배를 갈라 내장을 들어내고 살점에 묻어 있는 핏물을 깨끗이 씻어내고 건조시킨다. 책장을 펼치듯 속살이 훤히 드러나게 벌리고 날카로운 대꼬챙이로 양쪽 아가미를 관통시켜 장대에 매단다. 조금이라도 많은 부분이 햇살을 받을 수 있도록 뼈가 부러지든 말든 억지로 펼친다. 해풍을 머금은 건정은 생선일 때보다 맛이 좋다. 마르는 과정에서 비린내가 사라지고 살이 탄탄해져 또 다른 맛이 살아난다.

상갓집 만장처럼 담벼락에 기대선 간짓대에 내걸렸다. 며칠 전까지만 해도 상상도 하지 못했던 일이다. 헤엄을 칠 수 있는 곳이면 세상 어디든 자유롭게 다녔는데 한 번의 방심이 그물에 걸려 이 꼴이 되었다. 선봉에 선 것이 실수였다. 매사에 자신감이 넘쳐 지나치게 설쳐대다가 결국 비늘이 벗겨지고 부관참시와 개복을 당했다. 물속에서 태어나고 자라 한평생 유영하다 수장되기를 원했지만, 장대 끝에 매달려 점점 말라가는 살점만 붙잡고 있다. 차라리 펄펄 끓는 물에 들어가 매운탕이나 찜이라도 되었으면 덜 민망할 것을 지금은 지나가는 개도 쳐다보며 군침을 흘린다.

지난날이 순탄치만은 않았다. 태어나 지금까지 끊임없이 헤엄쳤다. 타고난 민첩성과 체력을 바탕으로 밤낮 가리지 않고 떼지어 돌아다녔다. 누구의 간섭도 받지 않고 먼 곳을 들락거리기도 했다. 그렇다고 언제나 마음이 편한 것은 아니었다. 곳곳에 도사리고 있는 포식자 때문이다. 신나게 물살을 타다가도 천적을 만나면 죽을힘을 다해 도망쳤다. 언제 어디서 나타날지 몰라 남들이 곤히 잠드는 한밤중에도 눈을 감을 수가 없었다.

겨울 해가 서산에 걸리기도 전에 찬바람이 몰려온다. 지난밤에 불어닥쳤던 바닷바람에 어찌나 몸을 떨었던지 겁부터 난다. 실오라기 하나 걸치지 않은 몸을 삭풍에 맡겨야 하는 처량한 신세가 되었다. 그토록 그리던 육지만 올라오자마자 꼼짝달싹하지 못하는 영어의 몸이 되었다. 세상을 집어삼킬 듯이 몰아치는 비바람도 살을 에는 추위도 없는 물속이 자꾸만 생각한다. 물길을 따라 마음대로 헤엄치던 바다는 생각만 해도 가슴이 뛰지만, 이제는 기억 속에서만 맴돈다.

  살다 보면 원치 않는 삶을 살아야 할 때가 많다. 뜬금없이 다가오는 모진 현실을 마주할 때마다 꿈꾸던 이상은 조금씩 옅어진다. 이상과 현실 앞에서 숱한 갈등을 겪다 보면 지난날의 그리움과 아쉬움에 몸서리치기도 한다. 인간은 대부분 본능적인 욕구에 만족하지 못하고 끝없는 욕망에 허덕인다. 많이 누리고 가질수록 쉽게 내려놓지 못하고 번민의 늪에서 허우적댄다.

  하늘 물고기도 언젠가 떠나간다. 아무리 소금밭에서 뒹굴어도 여름을 넘기지는 못한다. 만장을 따라나서는 상여처럼 어딘가로 끌려가면 다시는 돌아오기 어렵다. 한 줄기 바람이 불어오자 장대에 매달린 민어가 그네를 타듯 하늘 높이 치솟는다.

승蠅, 덧없는 삶

　때와 장소를 가리지 않고 나댄다. 영역을 넓이고 세를 불리려고 끊임없이 합종연횡을 반복한다. 맹수처럼 뛰어난 사냥 기술도 없으면서 먹거리만 보면 물불 가리지 않고 달려든다. 여차하면 모든 것을 다 잃을 수 있는데도 목숨을 담보로 도박을 한다.
　음식만 보면 본능적으로 달려드는 게 문제다. 사흘 굶으면 포도청 담도 뛰어넘는다는 말이 있듯이 배가 고프면 어쩔 수가 없다. 한때 사서삼경까지 어깨너머로 배웠고 사대부들이 목숨처럼 여기는 예의범절도 가까이서 보았지만, 허기가 극에 달하면 냄새만 풍겨도 목숨을 건다. 어른들의 밥상이나 치외법권 지대인 제사 음식에도 서슴지 않고 손을 댄다. 설사 그곳이 지옥이라 해도 두려워하거나 망설이지 않는다.

먹을 때만큼은 품격을 찾는다. 묘猫공이나 서생원처럼 호시탐탐 노려보다가 빠르게 들고 튀거나 경망스럽게 갉아 먹지도 않고 견공같이 꼴사납게 온갖 아양을 떨어본 적도 없다. 물론 대가를 지불하고 허락받은 것은 아니지만, 게걸스럽게 씹는 소리를 내거나 물어뜯지도 않고 격조 높은 양반 흉내를 낸다. 조심스럽게 과일 주스나 스무디를 빨아 먹는 상류층 부인들같이 교양 있게 먹으려고 애를 쓴다.

외모 콤플렉스 때문이다. 몸매가 늘씬하거나 피부가 곱지도 않고 진화하다 말았는지 아직도 검은 털이 온몸을 덮고 있다. 가능하면 남과 비교하지 않으려고 해도 콧바람에도 날아갈 듯한 수려한 몸매의 문蚊공이 늘 눈에 거슬린다. 하루 한 끼도 과식하지 않고 자외선이 강한 낮에는 은둔생활을 하며 피부관리를 한다. 햇볕이야 어떻게 피하면 되지만 식욕을 조절할 수 있다는 게 신기하다. 식단도 예사롭지가 않다. 아무것이나 먹지 않고 영양가 높은 액체만 쪽쪽 빨아 먹는다. 볼 때마다 콧방귀를 뀌면서도 당장이라도 미용실에 가서 면도하거나 아예 모근을 제거하고 싶을 때가 많다.

식습관이 문제였다. 조상 때부터 부패한 음식을 주식으로 하며 살았다. 별다른 능력이 없어 음식을 만들거나 사냥은 엄두도 내지 못하고 상하거나 썩은 음식에 침을 발라 표면을 녹이고 이를 다시 빨아 먹었다. 타고난 후각과 촉각만으로 살아가다 보니 쌀밥 보리밥을 찾을 겨를이 없었다. 심지어 병균이나 바이러스가 득실거리는 곳에도 빨대를 들이대다 보니 병균을 옮기는 매개체가 되었다. 한번 낙인찍히니 역병이 창궐할 때마다 모든 혐의를 뒤집어썼다.

졸지에 타도 대상이 되었다. 부엌은 물론이고 집 구석구석까지 이 잡듯 소탕 작전이 벌어졌다. 부엌에 사는 친구는 종이에 발라둔 밥알을 먹다가 즉사했고 방에서는 구석에 놓아둔 희멀건 죽을 핥다가 식도를 타고 내려가기도 전에 숨이 끊어졌다. 그것은 서막에 불과했다. 천장에 매달린 끈끈이는 비극의 현장이었다. 마음을 놓았다가 털 하나라도 붙으면 영락없이 죽음의 길로 들어서야 했다. 주변에서 지켜보는 가족이나 친구들은 발만 동동 구를 뿐 해줄 수 있는 것이 없었다.

신소재 플라스틱 파리채가 피바람을 몰고 왔다. 기습적인 공격에 수많은 일가친척이 봉변을 당했다. 이유도 없이 가족 전체가 몰살당한 집도 많았다. 바람을 가르며 날아드는 공격에 속수무책으로 죽어 나갔다. "탁" 하는 충격파가 발생할 때마다 선혈이 낭자한 주검을 지척에서 목격해야 했다. 한 번에 두셋이 나가떨어질 때도 있었다. 추풍낙엽이 되어 바닥에 나뒹굴었다. 젊은 사내들은 달랐다. 군사작전을 하듯 일단 방문을 굳게 닫아 퇴로를 차단하고 일망타진의 자세를 취했다. 이때는 무조건 삼십육계 줄행랑이 최고였다. 각자도생이었다. 방향을 잘못 잡거나 어설프게 날다가는 공중에서 비명횡사할 수도 있었다. 높은 천장도 안전지대가 아니었다. 큰 키에다 채까지 합치면 닿지 않는 곳이 없었다.

도피처가 전혀 없는 것은 아니다. 하늘이 무너져도 솟아날 구멍이 있다는 말이 있다. 명석한 놈은 위험을 예지하고 사전에 자리를 봐둔다. 아주 비좁은 틈새나 구석이다. 죽은 듯이 붙어 있으면 생명은 보존한다. 겁먹고 섣불리 움직였다간 죽음을 재촉한다. 일급 피난처는 섣불리 내려칠 수가 없는 도자기 같은 귀중품이다. 차려진 밥상이나 할아버지 머리 같은 곳도 차선책이지 안전지대는 아니다.

문제는 화생방 공격이다. 제네바 조약에 따라 전쟁 때도 사용할 수 없는 살상 무기를 집안에서 사용한다. 재래식 무기가 한물가고 첨단과학이 동원된 최신형 전기 전자 무기마저 위력을 발휘하지 못하자 화학무기를 사용한다. 앞이 보이지 않을 정도로 뿌려 놓고 방문을 닫으면 도망칠 수가 없다. 신병훈련소를 다녀온 사람이면 알 수 있듯이 처음에는 눈물 콧물을 흘리면서도 숨을 참는다. 참는 데도 한계가 있다. 한 모금 들이키는 순간 바로 정신을 잃고 나락으로 떨어진다. 이중 삼중으로 틀어막아 바람 한 점 들지 않는 하이섀시 창문일 때는 대형참사로 이어진다.

앞날이 걱정이다. 전염병을 옮긴다는 이유로 공공의 적이 되면서 삶의 터전이 급격히 줄어들었다. 이런 식으로 가다가는 무슨 일이 벌어질지 불을 보듯 뻔하다. 가장 큰 문제는 식물의 꽃을 수분시키는 일이다. 열매를 맺게 하는 가루받이는 벌 나비도 하지만 조족지혈이다. 종국에는 과일이나 채소의 섭취량이 부족해 인류가 멸망할지도 모른다는 설도 있다. 먹이사슬의 파괴도 문제다. 사마귀나 거미는 물론이고 양서류 등의 먹거리가 바닥나면 연쇄적인 멸종도 일어날 수가 있다. 종족을 보존하기 위해 암컷이 무리를 지어 다니며 백여 개가 덩어리로 뭉쳐진 알을 틈틈이 낳아도 성과는 미미하다.

편협되고 왜곡된 교육 탓이다. 물론 다 잘했다는 것은 아니다. 공과를 분명하게 가르쳐야 할 교육자들마저도 책임을 전가했다. 한때는 벽에다 혐오스러운 포스터까지 붙여 놓고 나쁜 인식을 각인시켰다. 심지어 잔인하게 죽인 사체를 가져오라고 아이들에게 숙제까지 냈다. 선생님은 비닐이나 성냥통에 담아온 시체를 검시하듯 마리를 세기도 했다. 방금 도배한 천장이나 벽에다 똥을 싸고 밥상 주위를 배회하며 성가시게 한 것은 맞지만 그렇다고 죽을죄를 지은 것은 아니었다. 그저 똥파리라는 오명을 덮어쓴 채

묵묵히 견뎌냈다.

　지금은 풍요 속의 빈곤 시대다. 생활 습관과 위생 관념이 바뀌면서 삶의 터전이 대부분 사라졌다. 화장실이나 쓰레기장이 줄어들고 퇴각하는 군인들이 모든 곡식을 거둬가고 불태우는 초토화 작전처럼 동이 트기 전부터 청소부들이 쓸고 닦기를 반복하니 입에 풀칠하기도 어렵다. 예전처럼 재래식 무기나 첨단 무기를 사용한 대량 학살이 없어도 생존 자체가 위협받고 있다. 어디를 가도 아기 울음소리는 사라진 지 오래고 저승 가면 조상 볼 면목이 없다는 어른들의 탄식만 담을 넘는다.

　모두가 잘사는 세상은 어디에도 없다. 산이 높으면 골이 깊듯 한쪽이 잘살면 다른 한쪽은 빈곤층이 늘어난다. 지금도 무상 급식소 앞에는 비바람이 몰아치고 눈비가 내려도 목숨 걸고 줄을 선다. 천지에 먹고사는 문제보다 더 중요한 것은 없다.

비질

낙엽이 영혼처럼 흩날린다. 찬바람이 불기도 전에 우수수 떨어진다. 엊그제 돋아난 듯한 이파리가 만추의 무게를 견디지 못하고 떠나간다. 역할이 끝난 초록 잎이 수의처럼 누렇게 변하자 가지와 이별앓이를 한다. 거친 태풍에도 살아남은 잎사귀가 조용히 내리는 추상의 뜻에 따라 습의襲衣 같은 옷을 훌훌 벗는다.

미화원들이 바쁘게 움직인다. 한 손에는 마대 포대를 다른 손에는 대빗자루를 들고 인도와 차도를 오르내리며 빠르게 쓸어 담는다. 움직이는 손놀림 덕에 만삭의 포대가 금세 늘어난다. 수양버들이 은행나무로 바뀌면서 훨씬 수월해졌다고 위안하면서도 차라리 잎이 큰 플라타너스였으면 더 좋겠다고 한다. 아파트 경비아저씨도 종일 쓸어 담느라 고개 한번 들지 못한다. 수고 많다며 인사를 건네자 어차피 한 달은 고생해야 한다며 그제야 나무를 쳐다본다.

유년 시절 하루의 시작은 비질이었다. 어둠이 채 가시지 않은 마당을 쓸었다. 눈물 같은 이슬이 줄줄이 맺혀 있는 풀잎을 깨우고 서리가 눈처럼 내리는 초겨울 여명도 빗자루로 쓸어냈다. 개 짖는 소리마저 잠자는 듯한 조용한 마을의 쓰레질은 새벽을 여는 진언 같았다. 밤새 찾아 들었던 넋이 놀라지 않도록 스치듯 땅을 긁었다. 이승에서 미처 다하지 못한 한풀이를 하듯 흩트려 놓은 세상을 갓밝이마다 쓸었다.

늘 같은 비를 들지는 않는다. 쓸어야 할 장소와 시기에 따라 달라진다. 낙엽이 많지 않은 여름에는 잔가지가 많은 비로 가볍게 쓸지만, 늦가을과 겨울은 다르다. 비 오듯 떨어지는 나뭇잎이나 살짝 얼어붙은 지푸라기를 쓸어내는 데는 탄력 있고 단단한 몽땅 빗자루가 최고다. 축담이나 부엌같이 좁고 복잡한 곳은 수수나 댑싸리비가 적격이다. 싸리나 대나무로 만든 빗자루는 가늘어도 탄성이 좋아 울퉁불퉁한 자갈길과 모래밭뿐만 아니라 타작을 마친 곡식의 껍질을 걷어 내기도 한다.

군에서는 싸리비만 썼다. 눈이 많이 오는 전방이라 넉가래와

비는 필수였다. 초소는 물론이고 오가는 길을 쓸고 나면 연병장의 눈을 치웠다. 앞이 보이지 않을 정도로 함박눈이 쏟아지는데도 병사들은 모래를 퍼 나르듯 눈을 실어 나르고 비질했다. 눈 오는 날은 업무를 접고 오직 눈 치우는 데만 전투력을 집중했다. 햇볕이 나면 저절로 녹아 없어질 눈을 왜 빨리 치우려고 애를 썼는지 지금도 이해할 수가 없다. 눈에 젖은 군화를 신고 눈밭을 헤매는 병사들은 동상으로 고통을 당해도 지휘관들은 난롯가에서 잡담을 주고받으며 떨어지는 눈을 감상했다.

자세도 천차만별이다. 젊은 사람일수록 허리를 주로 사용한다. 양발을 벌린 상태로 엉덩이를 쑥 내밀고 최대한 허리를 굽혀 쭉 뻗은 빗자루를 잽싸게 휘두른다. 한번 휘두를 때마다 부챗살을 그리며 빠르게 나아가지만 여차하면 무늬만 남길 수도 있다. 나이가 들수록 허리를 곧추세우고 새색시 치맛자락 폭만큼만 흔들며 간다. 세파에 마음이 무뎌지고 질곡의 역정이 쌓여가면 비질도 사납지 않고 점점 부드럽고 순해진다.

단숨에 비를 만들 수는 없다. 댑싸리나 수수나 짚으로 만든 부엌비는 당장 사용할 수가 있지만, 대나무는 다르다. 이파리를 털어낸 잔가지를 아무리 잘 묶어도 더벅머리처럼 사방으로 뻗쳐 칡이나 새끼줄로 칭칭 동여매고 숨을 죽여야 비가 된다. 추수가 끝난 늦가을 밤이면 부엉이 우는 소리가 크게 들릴 때까지 사랑방에서 만들었던 크고 작은 볏짚 빗자루도 물을 뿌려야 모양이 잡힌다. 잎사귀를 훑어내고 모양을 잡는 싸리비는 잘 닳고 쉽게 부러져 만들기보다 보관이 어렵다. 지금은 탄력도 없고 잘 쓸리지도 않는 형형색색 플라스틱 빗자루가 판을 친다. 오랜 세월 주변을 서성대던 대빗자루와 싸리 빗자루를 밀어내고 버젓이 철물점 한쪽을 차지하고 있다.

빗자루도 영원하지 않다. 시간이 지나면 노인처럼 굴신도 제대로 못 한다. 한때는 날마다 뭇사람 품에 들어 사교춤을 즐기듯 온몸을 흔들었지만, 기력을 소진한 빗자루는 석회질만 남아 고생한 늙은이처럼 바람만 불어도 삭신이 쑤시고 아픈 천덕꾸러기 신세가 되었다. 정처 없이 떠돌던 낙엽을 모아 소신공양의 길로 인도하고 찍히고 파인 마당의 상처를 치유하느라 정작 자신은 돌볼 여유가 없었다. 훤칠하던 키는 작달막하게 변한 지 오래고 단단히 졸라맸던 췸넝쿨마저도 느슨해진 지 오래다. 지금은 자신의 육신조차 추스를 힘이 없어 불쏘시개가 되기만 기다린다.

얼마 전 작은 절을 찾아갔다. 너무 이른 시간이라 계곡에는 아직 햇살이 들지 않았다. 밤새 산사를 감쌌던 착잡한 기운이 미처 빠져나가지 못하고 곳곳에 남아 있었다. 새벽 공양이 끝난 지 오래라 동자승도 노승도 없는 절 마당에는 정적만 감돌았다. 간간이 흘러나오는 향내마저 없었다면 빈 절이라는 생각이 들 정도였다. **빽빽**하게 소나무가 둘러쳐진 뜨락에는 비질 자국이 선명했다. 물결처럼 출렁이는 흔적을 차마 밟을 수가 없었다.

누가 쓸었을까. 긴 시간 무엇을 생각하면서 이렇게 정갈하게 쓰레질했을까 싶었다. 어린 동자승이 어머니 얼굴을 그렸다 지우기를 반복한 것일까 아니면 사미니의 눈물과 몸부림의 자국일까. 잔잔한 물결이 한결같이 이어지는 자국을 보는 내내 혼란스러웠다. 보푸라기 하나 없는 스웨터의 올처럼 흐트러짐 없는 비질 흔적을 바라보는 동안 어떤 장애나 거리낌도 없이 사르륵대며 밀고 나가는 소리가 귓전을 맴돌았다.

비질은 지우는 것만이 아니다. 누군가의 흔적은 지울지 몰라도 또 다른 무늬를 만든다. 떠다니는 나뭇잎은 물론 먼지 하나까지 다 쓸어냈다고 하지만 자국이 남는다. 가슴속 번뇌도 다르지 않다. 쓸고 또 걷어 내도 흔적마저 떨쳐내기는 어렵다. 속세와의 인연이 뜬금없이 다가오면 번민의 열병에 몸서리친다. 누구도 대신할 수 없는 생채기를 지우려 쓸고 또 쓸어도 이미 자리 잡은 상처는 지울 수가 없다. 자신의 만다라를 찾아 수십 년 동안 정진하는 어느 수도자도 번뇌는 죽음과 함께 사라진다고 했다.

경비 아저씨가 다시 비질을 시작한다. 목이 유난히 긴 대빗자루와 춤을 추듯 발을 맞추며 게걸음으로 나아간다. 대나무 탄력에 억지로 밀려가는 가랑잎이 사라지기도 전에 기다렸다는 듯 허공에는 낙엽이 흩날린다. 지나온 뒤안길은 관심도 없다는 듯 앞만 보고 비질하는 아저씨의 이마에 땀방울이 맺힌다. 날이 갈수록 앞만 보고 가기도 벅차기는 나도 마찬가지다.

춘풍추상

테스형이 생각나는 세상이다. 겸양의 미덕은 찾아보기 어렵다. 날마다 상대방의 허점을 파헤치고 허물을 들추는데 정신이 없다. 끊임없이 자신을 성찰하는 수신제가라는 말은 사라진 지 오래다. 갈수록 저 잘난 맛에 살아간다. 물질적으로 풍요로운 세상이 되었지만, 상식을 뛰어넘는 일들이 곳곳에서 벌어진다.

내로남불은 "내가 하면 로맨스, 남이 하면 불륜"을 줄인 말이다. 상대방의 실수나 잘못에는 가혹한 잣대를 들이대면서 정작 자신이나 같은 편 잘못에는 너그러운 이중적 판정을 말한다. 유척鍮尺까지는 아니더라도 잣대는 변함이 없어야 한다. 오래전 장관과 국회의장을 역임한 한 여당 다선의원이 당리당략에 따른 이중적 잣대를 꼬집어 한 말이다. 지금은 국내뿐만 아니라 외국 매스컴에서도 그대로 사용할 정도로 유행어가 되었다.

한때는 틈만 나면 TV 앞에 앉았다. 쉽게 접할 수 없는 다양한 삶의 방식과 다큐멘터리 프로그램을 보고 있으면 갈증이 해소되는 것 같았다. 타국 생활상이나 유적지가 방송되면 마치 그곳에 가 있는 것처럼 흠뻑 젖어 들었다. 축구나 스포츠 중계가 있는 날은 더 집착했다. 문명이 발달하면서 채널의 다양성과 방송 장비도 예전과는 비교도 안 될 정도로 발전했다. 굵직한 국제 행사를 많이 치르면서 방송 기술도 선진국 반열에 들 정도가 되었다.

반면, 방송 내용은 그렇지가 않다. 제자리걸음이 아니라 뒷걸음질치는 것 같다는 생각이 든다. 때로는 화가 나고 짜증이 날 때도 있다. 동일 인물이 겹치기 출연하고 유사 프로그램이 많아서 그런 것만은 아니다. 시청자를 무시하는 프로그램이나 일부 편협된 방송 때문이다. 떼로 몰려나와 말장난하거나 화려한 언변으로 억지 주장을 펼치는 장면이 시청자들을 우울하게 한다. 정치인이나 고급 관리들이 언쟁을 벌이면 채널을 돌리거나 아예 꺼 버린다. 본분을 다하는 청백리가 대부분이지만, 남 탓으로 돌리는 사람도 많다.

춘풍추상春風秋霜이라는 말이 있다. 〈채근담菜根譚〉에 나오는 '대인춘풍待人春風 지기추상持己秋霜'을 줄인 한자어이다. 다른 사람을 대할 때는 봄바람같이 하고, 자신에게는 가을의 찬 서리처럼 대하라는 뜻이다. 타인을 대할 때는 최대한 너그럽고 따뜻하게 대하고 스스로에게는 한없이 냉정하고 엄격하게 해야 한다는 말이다. 비단 관료나 정치인들에게만 해당하는 말은 아니다. 타인의 잘못은 지나치게 엄한 평가를 하면서도 자신의 잘못에 대해서는 너무나 너그럽게 생각하는 사람이 갈수록 많아진다.

  자신에게 엄격하기는 어렵다. 작심하고 시작해도 얼마 가지 못한다. 날마다 몸과 마음을 애써 가다듬으려 해보지만 금세 풀어진다. 살면서 존경은 받지 못해도 미움은 사지 않으려고 오늘도 거울 앞에 선다.

독살

돌 그물에 갇혔다. 물속에 웅크린 독살을 보지 못했다. 하얀 물거품을 내 물고 돌진하는 밀물만 믿고 마냥 따라갔던 게 잘못이었다. 늘 그랬던 것처럼 썰물을 따라 나올 줄 알았지만, 이번에는 영어의 몸이 되었다. 부딪쳐 깨어지는 물보라를 앞세우고 알지도 못하는 뭍을 넘본 것이 문제였다.

독살은 물고기를 잡기 위해 얼기설기 쌓아 올린 돌담을 말한다. 큰 고기는 물론이고 멸치까지 다잡는 남해안 죽방렴과는 다르다. 깊숙한 해안에다 소쿠리 모양의 갯담을 쌓아두고 물결을 타고 들어왔다가 미처 나가지 못한 몇 마리만 잡는다. 크고 작은 잡어 몇 마리가 잡힐 때도 있지만 들지 않을 때도 있다. 조수 간만의 차가 큰 서해안 석방렴을 독살이라 부른다.
　몇 년 전 독살을 처음 보았다. 만조의 바닷물이 급하게 빠져나가자 저만치 검은 점들이 하나둘 모습을 드러냈다. 언제 쌓았는지도 모르는 무너진 옛 산성 같았다. 얼마나 오랫동안 짠물을 품었다 내보내기를 반복하며 시달렸는지 까만 돌무지가 되었다. 해 지고 무너진 성벽처럼 흐트러진 돌들은 서로를 보듬고 있었다. 물이 자질자질해지자 물고기 몇 마리가 꼬리를 퍼덕이며 물보라를 일으키더니 이내 잦아들었다.
　덫에 걸렸다 싶으면 늦다. 머리를 찧으며 후회해도 소용이 없다. 고개를 치켜들고 갯벌을 삼켜버릴 듯 달려가는 밀물에 몸을 실은 것이 화근이다. 들어갈 때 보이지 않던 담벼락이 갑자기 앞을 막을 줄은 꿈에도 생각지 못했다. 물살을 따라 빠져나갈 구멍을 찾아보지만, 돌담은 요지부동이다. 비늘이 벗겨지고 뼈가 드러나도록 물구덩이 속에서 퍼덕거려도 소용이 없다. 점점 멀어지는 바닷물을 바라보며 가쁜 숨만 몰아쉰다.
　독살에서 나오지 못한 친구가 있었다. 유년 시절을 함께 보낸 죽마고우였다. 학교 성적도 좋고 큰 덩치만큼이나 어떤 운동이든 다 좋아했다. 입담이 좋아 어디를 가도 친구들을 몰고 다니는 활발한 성격이었다. 누구도 건드릴 수 없을 만큼 싸움도 잘했다. 가난하고 답답한 현실을 벗어나 활개치며 살 수 있는 넓은 세상을 동경했다. 끊임없이 밀려드는 새로운 문물이 손짓하는 도시를 들락거렸다. 자연스럽게 건달들과도 어울렸다.

그것이 빌미가 되었다. 여러 부류의 친구들과 어울리면서 폭력 조직에 발을 들여놓았다. 큰 체구에 걸맞은 의리와 두둑한 배포가 조직에서도 단연 돋보였다. 밤낮을 가리지 않고 사람과 조직에 충성하느라 죄책감마저 느낄 여유가 없었다. 강한 자가 세상을 지배하는 것이 당연하다고 생각했다. 그런 생각은 오래가지 않았다. 어느 날 길이 아니다 싶어 빠져나오려고 했을 때는 너무 늦었다. 오지도 가지도 못하고 엉거주춤한 생활을 하면서 힘들어했다. 하루는 스스로 죽음을 택했다는 소식이 들려왔다. 독살에 갇힌 물고기처럼 홀로 버둥대다 주검이 되어서야 빠져나왔다.

나도 막차를 탄 적이 있다. 주식 열풍이 이 땅을 휩쓸고 있을 때였다. 어디를 가도 화두는 주식뿐이었다. 출근만 하면 삼삼오오 짝을 지어 어떤 종목이 얼마 올랐고 내렸다는 이야기를 하고 있었다. 이상하게도 손해 봤다는 사람은 아무도 없었다. 무관심한 척 귀동냥하다 보면 나만 손해 보는 것 같았다. 나도 모르게 마음이 끌렸고 시간이 지날수록 거세게 요동쳤다. 열기가 더해가자 몇 배 벌었다는 말이 수십 배로 둔갑하고 투자 귀재라는 사람들의 전설적인 말들만 귓가에 맴돌았다.

지금이 기회라는 선배 말만 믿고 무작정 따라 했다. 오랜 갈등과 약간의 두려움 때문에 소형주만 조금 매수했다. 누구에게도 말할 수가 없었다. 오르면 다행이지만 내리면 큰일이라 입에 올리지도 않았다. 주식을 사자마자 상승세가 보합세로 돌아섰다. 불안감이 심하게 몰려왔다. 무슨 일을 해도 마음은 주식밭에 가 있었다. 틈만 나면 사람들이 모여 있는 곳으로 갔다. 시시각각 변하는 주가가 궁금했지만, 얽매인 몸이라 거래소에 가거나 전화를 할 수가 없었다. TV 뉴스 시간에도 소형주는 아예 언급도 없었다. 잠자리에 들어도 쉽게 사라지지 않고 무슨 일을 해도 머리를 복잡하게 했다.

다음날 새벽, 조간신문을 펼쳤다. 두근거리는 가슴을 누르며 깨알같이 작은 글자의 주식란을 더듬었다. 조금 올라 있었다. 다행이었다. 내렸다 오르기를 반복하며 조금씩 올라갔다. 그래도 불안함을 떨칠 수가 없어 다시는 하지 않겠다며 팔았지만, 벤처기업에 투자해 수십 배 벌었다는 친구 말에 또 손을 댔다. 억지로 돈을 만들어 제법 많이 샀다. 주식시장의 활황이 계속되자 빚을 내서라도 더 사고 싶었다. 하늘 높은 줄 모르고 치솟던 주가가 어느 날 갈팡질팡하더니 곤두박질쳤다. 바로 내놓았지만, 하한가에도 팔리지 않았다. 누구에게도 말 못 하고 혼자 속병을 앓으며 여러 날 밤잠을 설쳤다.

광풍은 아파트 쪽으로 불었다. 분양만 받아도 큰돈을 손에 쥘

때였다. 올림픽을 앞두고 시작된 열풍은 끝이 나도 잦아들 줄을 몰랐다. 출근하면 모두가 아파트 이야기만 했다. 주식으로 곤혹을 치른 적이 있어 될 수 있으면 듣지 않으려고 몸을 피했다. 바로 뒤에 앉은 선배는 출근과 동시에 시작된 부동산 사무소와의 통화가 퇴근 때까지 이어졌다. 듣지 않으려고 할수록 더 크게 들렸다. 업무는 뒷전이고 땅과 집을 팔고 사는 일에만 열중하는 것 같았다.

매일 듣다 보니 불안감이 밀려왔다. 나도 모르게 또 마음이 끌렸다. 어쩌면 나만 영원히 집을 갖지 못할 것만 같았다. 약간의 관심을 보이자 선배는 분양 신청서를 같이 넣어보자며 용지를 내밀었다. 날마다 매스컴이 분위기를 띄웠다. 분양권 당첨은 복권 당첨과 같다며 한껏 부추겼다. 추첨하는 날을 기도하는 마음으로 기다렸지만 허탕이었다. 선배를 따라 몇 군데 더 신청서를 넣었지만, 역시 연락은 없었다. 여러 번 떨어지다 보니 자꾸만 불안해졌다.

아파트 분양 붐이 절정에 도달했을 때 분양 계약서에 도장을 찍었다. 처음 듣는 건설업체였지만 회사 동기의 소개로 사무실을 찾아갔다. 규모는 작아도 아파트 건축 공사장이 여러 곳에 있다고 했다. 그 말만 믿고 기초공사도 하지 않은 아파트 계약서에 도장부터 찍었다. 내 집을 가질 수 있다는 들뜬 마음은 잠시였다.

빠르게 돌아오는 중도금을 맞출 수가 없어 친척에게 돈을 빌리고 대출도 냈다. 중도금이 계속 들어가도 공사장은 그대로였다. 전화하면 늘 심사나 평가 중이라고 했다. 무슨 평가가 그리 많은지 화가 나고 속이 탔지만 어쩔 도리가 없었다. 몇 번을 전화해도 녹음기를 돌려놓은 듯 대답은 한결같았다. 건설업자가 부도를 내고 잠적했다는 뉴스를 봤을 때는 이미 모든 돈을 쏟아부은 상태였다.

매번 수업료를 톡톡히 냈다. 무작정 따라갔던 대가는 상상을 초월했다. 속병이 날 정도로 후회했지만 소용없었다. 누구에게도 털어놓고 말할 수도 없었다. 돈 잃고 몸 버리고 바보 소리 듣기 십상이었다. 답답한 마음에 토정비결을 보고 점쟁이도 찾아갔지만, 아무런 위로도 되지 않았다. 이래저래 돈이 말리자 집주인이 눈치를 챘는지 해마다 전세를 올려 달라고 했다. 빚지는 것을 죽기보다 싫어하는 성미였지만 어렵사리 대출을 냈다. 혼자서 속앓이를 했다. 잠시라도 벗어나고파 폭음도 해봤지만 부질없는 짓이었다.

어디를 가도 독살은 있다. 인적이 드문 사막이나 깊은 산속에도 덫이 있다. 곳곳에 파놓은 함정과 목을 조이는 올가미가 기다린다. 개미나 벌레들도 정신없이 앞만 보고 가다가는 거미의 밥이 되거나 개미지옥에 빠지게 된다. 살다 보면 수많은 고난과 도전을 받는다. 잠시만 방심해도 생각지도 못한 곳에 걸려든다. 한 번 걸려들면 빠져나와도 허우적거리다 비늘이 다 벗겨진 물고기처럼 큰 상처를 입는다. 회복할 수 없는 상처를 평생 간직한 채 살아야 한다. 살면서 모든 덫을 다 피하기는 정말 어렵다.

사람은 태어나면서부터 독살에 갇힌다. 자신의 의지와 상관없이 씌워진 굴레를 마음대로 벗을 수가 없다. 벗어나려고 몸부림칠수록 올가미가 되어 갈수록 조여 올뿐이다. 모두가 돌담에 갇힌 물고기처럼 운명의 그물 속에서 소리 없이 살아간다. 물이 빠졌다 차오르기를 반복하는 독살이 날이 갈수록 더 조밀하고 두꺼워진다.

등대지기

　영혼을 찾아 헤매는 미망인처럼 밤새 사방을 두리번거린다. 희붐한 어둑새벽이 수평선을 넘어오면 등대는 망부석이 된다. 사력을 다해 토해내던 불빛이 사그라지자 삐죽이 솟은 언덕 위에 우두커니 모습을 드러낸다. 맺혔던 응어리를 다 풀지 못했는지 아직도 넋을 놓고 수평선만 바라본다.
　포구의 새벽은 고깃배가 연다. 먼바다로 조업 나갔던 만선의 배들이 깃발을 펄럭이며 이따금 끔벅이는 등댓불을 따라 하나둘 들어온다. 검푸른 파도와 싸우던 어부들의 입가에는 미소가 번진다. 가족이 기다리는 부두로 돌아오는 뱃사람들의 어깨가 개선장군처럼 당당하다. 갓 잡아 온 펄떡이는 생선을 팔고 사는 사람들의 목소리가 순식간에 어둠을 밀어낸다.

　등대는 뱃길을 알려주는 표지등이다. 어디서나 잘 보이는 바닷가와 바위섬 높은 곳에서 천공을 향한다. 낮에는 탑의 색깔로 밤에는 강한 불빛으로 해무가 짙으면 소리로 위치를 알린다. 대부분 둥글거나 팔각의 몸통이지만, 연필이나 우체통 모양도 있고 인어는 물론 트로이 목마를 연상시키는 조랑말 형상도 세워졌다. 예전에는 단순한 항해의 길잡이였지만, 지금은 지역 특성을 알리는 다양한 모양으로 눈길을 끈다.

　등대를 처음 본 것은 고등학교 때였다. 단체로 방어진 대왕암공원 내에 있는 학생 수련원에 입소했을 때였다. 교련 선생님의 호루라기 소리에 맞춰 왕벚나무 터널 속으로 들어갔다. 길가에 핀 노란 유채꽃에는 벌과 나비들이 쉼 없이 넘나들고 밭둑에는 아이들이 바닷바람을 맞으며 쑥을 캐고 있었다. 아름드리 소나무 숲을 가로지르는 오솔길 끝에 첨탑 같은 등대가 우뚝 솟아 있었다. 백 년 전에 세워진 동해안 최초의 울기蔚氣등대였다.

　이듬해 가을, 졸업을 앞두고 등대가 보이는 조선소에 용접공으로 취업했다. 사시사철 두꺼운 작업복에 무거운 헬멧까지 쓰고 용접기와 씨름했다. 조금만 움직여도 온몸이 땀범벅이 되었다. 용접이나 배 만드는 기술이 부족할 때라 국내 최초로 대형 유조선을 만드는 작업은 어려웠다. 손바닥만 한 널빤지에 목숨을 걸고 딱따구리처럼 선체에 붙어 쇠를 녹였다. 쉬는 시간이면 갑판에 올라 멀리 푸른 해송 숲에 솟은 하얀 등대를 바라보며 한숨을 내쉬었다.

용접공의 삶은 녹록지 않았다. 등댓불을 바라보며 출근할 때도 많았다. 푸른 작업복 차림의 용접공들은 갯내 가득한 바닷바람에 머리카락을 날리며 밀물처럼 작업장으로 몰려갔다. 풍기는 냄새나 말투만 봐도 하는 일을 알 수 있었다. 새벽부터 해풍을 맞으며 열기와 싸우다 보면 말도 행동도 거칠어졌다. 작은 실수라도 목숨과 직결되는 현장이라 말은 짧고 행동은 민첩했다. 제대로 된 교육도 받지 못하고 투입되는 작업자가 많아 안전사고가 빈번히 일어났다. 구급차가 사이렌을 울리며 들락거려도 가까이 갈 수가 없었다.

주말마다 집에 갔다. 일을 마치기가 무섭게 숙소로 달려가 불구멍 난 작업복을 세탁하고 몸에 밴 특유의 용접봉 타는 냄새부터 지웠다. 최대한 말쑥하게 단장을 했다. 씩씩하고 늠름한 모습을 보이려고 애를 썼다. 아껴둔 식권으로 햄버거도 샀다. 할아버지께 자랑하고 동생들에게 맛보여 주고 싶었다. 지금 생각하면 보잘것없지만, 그때는 처음 보는 음식이라 먹는 방법도 잘 몰랐다. 작업 여건이나 숙식 사정도 괜찮고 전망도 좋다며 너스레를 떨었지만, 할아버지의 얼굴은 어두웠다. 한참을 듣고 있다 묻는 말은 한결같았다.

"할 만 하드나?"

그 말을 들을 때마다 목이 메었다. 무슨 말인지 알지만 태연한 척했다. 문득문득 생각날 때마다 치밀어 오르는 감정을 삭이느라 진통을 겪었다. 바닷가에서 소리를 지르고 모래밭을 정신없이 달려도 그때뿐이었다. 교복 입은 또래들이 등교하는 모습을 보고 나면 온종일 마음이 흔들렸다. 며칠 동안은 등댓불이 꺼지지 않은 첫새벽에 출근했다. 대학 입학시험 날짜가 다가올수록 스스로 접었던 아쉬움이 요동쳤다. 집안 형편을 잘 알기에 애써 괜찮다는 대답을 할 수밖에 없었다. 많은 식솔을 거느리는 대주의 표정은 변화가 없었다. 언제나 몸조심하라는 말로 매듭지었다.

할아버지는 말씀이 별로 없었다. 어렵게 모은 가산을 탕진한 아버지에게도 싫은 소리 한마디 하지 않고 지켜만 봤다. 어려운 환란 시절에 대학까지 공부시켰지만, 재산을 모으기는커녕 사업을 한답시고 논밭만 팔아갔다. 한국전쟁에 참전한 작은아버지가 총상을 입고 평생 전쟁 후유증에 시달리며 방황해도 나라를 탓하지도 않았다. 큰사위가 도박으로 한순간에 살림을 다 날리고, 꽃다운 나이의 막내딸을 저세상으로 보내고도 홀로 삼켰다. 술은 한 방울도 마시지 못하는 체질이라 틈만 나면 담뱃대를 물었다. 할아버지는 담배 연기를 내뿜는 것이 아니라 가슴에 가득 찬 명울을 풀어내고 있었다.

끝모르고 가세가 기울었다. 여느 때처럼 아침밥을 먹으려고 큰방에 모였다. 할아버지는 밥술을 뜨기 전에 할말이 있다고 했다. 모두가 긴장했다. 한참 뜸을 들이더니 고향을 떠나야겠다고 했다. 청천벽력 같은 선언이었다. 순간 정적이 흘렀다. 숨소리마저 낼 수가 없었다. 고심 끝에 내린 결단 같았다. 남은 논밭으로는 열 식구가 넘는 대가족이 생활하기 어려우니 두세 배 논을 살 수 있는 다른 마을로 이사하자는 것이었다. 그때만 해도 할아버지의 말은 곧 법이었다. 누구도 대주의 말에 토를 달 수가 없었다.

그때였다. 할머니가 숟가락을 탁 놓으면서 말했다.

"나는 못 간다."

떨리는 음성이지만 단호했다. 정적을 깨는 할머니의 짧은 말에는 결기가 서려 있었다. 시집오자마자 손수 지었던 집은 단순히 잠만 자는 곳이 아니었다. 자식을 낳고 기르고 출가시키며 겪었던 숱한 사연들이 서려 있는 곳이었다. 조금 배가 고프다고 집을 버리고 떠날 수 없었다. 집은 한평생 살아온 삶의 흔적과 영혼이 깃든 할머니의 등대였다. 할아버지도 순간 당황하는 눈치였다. 아무 말씀이 없었다. 나는 속으로 긴 한숨을 몰아쉬었다. 말없이 가장의 뒷바라지를 하다가도 한 번씩 물길을 틀기도 했다. 비록 낡고 오래된 등대일지라도 쉬지 않고 보살피며 어루만지는 외로운 등대지기였다.

할머니는 날이 새기가 무섭게 대문을 열고 마당부터 비질했다. 날마다 손님을 맞이하듯 집 안팎을 청소하고 뒤란 홰나무에서 까치 소리가 들리기를 기다렸다. 바람에 대문만 흔들려도 부리나케 밖을 내다봤다. 무심코 들어온 바람이 마당을 한 바퀴 돌고 사뿐히 내려앉으면 다시 같은 자리로 돌아왔다. 평소에 바깥출입을 하지 않다가도 굿판에는 서둘러 나섰다. 먼저 간 막내딸을 보러 가는지 머리를 곱게 가다듬고 소복 같은 흰 치마저고리를 차려입었다. 언제나 앞자리에 앉아 무당의 넋두리에 눈시울을 적셨다. 좀처럼 슬픈 기색을 드러내지 않아도 그날만큼은 하얀 손수건으로 눈자위의 물기를 찍어냈다.

등대지기가 없으면 등대도 없다. 등대가 육신이라면 등대지기는 영혼과도 같다. 한결같이 그 자리에 있지만, 뱃사람들에게도 잊히고 만다. 바닷사람들마저 빛바랜 유물 정도로 생각하는 등대를 껴안고 날마다 불을 밝힌다. 험한 바다를 오가는 배에게 길잡이 등댓불을 켜는 것은 등대지기의 삶이다. 달빛이 물결 위에 내려앉는 고요한 밤이나 세상을 뒤집어 놓을 듯이 폭풍이 몰아치는 광란의 밤에도 등대는 어김없이 불빛을 내보낸다. 밤이 어두울수록 불빛이 선명하듯 힘들고 어려운 일이 닥칠수록 등대지기의 역할은 빛이 난다. 아무리 세상이 변해도 할머니는 늘 집을 지키며 대문을 드나드는 사람들을 보듬었다.
 등대지기가 바닷길을 지킨다. 언제나 그 자리에서 날마다 들락거리는 끝없이 너른 바다의 배들을 바라본다. 고깃배든 상선이든 차별하지 않고 물고기는커녕 그물마저 잃어버려도 들어오는 배는 다 품는다. 등대지기는 어둠이 내리기도 전에 등불부터 켠다.
 세월이 지나 그 등대지기는 비로소 등대가 되었다. 꺼지지 않는 등댓불 하나, 훅 가슴 속으로 들어온다.

뜸

뿌연 물살이 용솟음친다. 가스 불이 몰아치자 양은 냄비 안이 분주하다. 요동치던 물살이 만든 하얀 거품에 놀란 쌀이 바닥에 깔리지 않으려고 재빠르게 몸을 피한다. 뜨거운 물구덩이를 벗어나려는 처절한 몸부림이 뒤죽박죽이다. 끓어오른 밥물이 순식간에 넘쳐흐르자 북새통을 이루던 냄비가 아수라장으로 변한다. 오랜만에 시도해 본 냄비밥에 혼쭐이 난다.

밥은 뜸이 짓는다. 열기가 스며들어야 쌀이 물러진다. 물이 끓는다고 단번에 찰기가 생기는 것은 아니다. 고구마나 감자는 물론이고 단단한 껍질을 뒤집어쓴 밤도 마찬가지다. 흘러내리는 밥물과 세찬 수증기만 보고 불을 끄면 안 된다. 끓는 밥물이 거센 소용돌이를 만들며 마지막 일격을 가하는 순간까지 기다려야 한다. 열 기운이 속속들이 배어들면 솟아나던 용천도 기력을 잃는다. 낱알의 심장까지 파고들 틈을 주어야 새로운 모습이 된다.

화산처럼 치솟았다 가라앉은 곳에는 작은 분화구가 생긴다. 내압이 차오르면 거품을 물고 있던 냄비가 비명을 지르며 증기를 뿜어낸다. 움직일 힘조차 잃어버린 쌀이 자신을 내려놓고 어깨를 맞댄 동료들과 손을 잡는다. 거친 숨결을 가쁘게 뿜어내도 같은 자리를 맴돌 뿐 한 치도 벗어나지 못한다. 집어삼킬 듯 달려들던 불꽃이 사그라지면 치솟던 물살도 서서히 잦아든다. 비로소 들썩거리던 냄비가 잠잠해진다.

열을 품어야 다른 모습이 된다. 어느 정도는 스스로 삭히지만 넘치면 고유의 성질을 잃는다. 단단할수록 잘 변하지 않는다. 묵은쌀을 물에 불려서 안치는 것도 그 때문이다. 가루가 주재료인 빵이나 떡은 물과 증기만으로도 쪄낸다. 밀폐된 공간일수록 압력과 온도가 신속하게 올라간다. 성급하게 솥뚜껑을 열면 증기가 한꺼번에 빠져나가 다시 가열해야 한다. 불기운을 순하고 고르게 전달하는 것도 뜸의 역할이다.

가마솥 밥이 맛있다. 식당에서도 크고 작은 무쇠솥을 많이 사용한다. 냄비나 작은 솥보다 높은 온도에서 빠르게 뜸을 들일 수 있기 때문이다. 두께가 두꺼워 오래 가열하지만 열을 많이 품을 수 있다. 홍수와 가뭄을 막아주는 댐처럼 불길이 들쑥날쑥해도 머금고 있던 열량을 일정하게 내놓는다. 무거운 뚜껑도 한몫한다. 내부의 압력과 온도를 밖으로 보내지 않고 취사 재료 속으로 밀어 넣는다. 고기도 고온에서 구워야 육즙이 빠져나가지 않아 맛이 좋듯이 밥도 마찬가지다.

압력밥솥은 가마솥의 장점을 극대화한 제품이다. 고온 고압을 유지하면서 뜸을 들인다. 열기의 손실을 막는 것은 물론이고 한 방울의 밥물도 내보내지 않고 내부에서 잦아들게 한다. 가열 중에 뚜껑을 열지 못하게 하는 것도 효율적인 열량 관리 때문이다. 압력은 높을수록 좋지만 지나치면 폭발 위험이 있어 안전밸브로 조절한다. 가마솥 뚜껑을 찬물로 식혀 압력을 떨어뜨리는 것과 같은 원리다. 빠르고 균일하게 뜸이 들수록 밥맛이 좋다.

쑥뜸도 뜸이다. 콩알만 한 크기의 약쑥을 만들어 혈穴 자리에 놓고 불을 붙여 신경 계통의 통증을 완화시키고 염증을 치료한다. 불이 붙었다 싶으면 금세 매캐한 쑥 냄새가 방안에 가득 찬다. 쑥 타는 냄새가 방안에 진동하면 꺼진 듯 살아 있는 불기운이 느껴진다. 뜨거워지는 화기를 참는 것은 쉬운 일이 아니다. 저절로 눈이 감기고 입이 꽉 다물어진다. 비명을 지르지 않으려고 온갖 인상을 다 쓰며 몸부림친다.

살이 타도 참는다. 그래야 약 기운이 살을 뚫고 들어간다. 아무리 뜨거워도 손을 대거나 찬물로 식히면 안 된다. 불이 꺼져도 한동안 약쑥의 성분이 깊이 파고들기 때문이다. 쑥뜸은 단번에 끝나는 경우는 드물다. 살이 타고 진물이 흘러내려도 한동안 반복해야 약 기운이 깊은 곳으로 파고든다. 자신의 살을 태우는 쑥뜸이다 보니 불을 붙일 때마다 수행자가 된 것처럼 엄숙하다. 지금은 도구를 사용해 살을 태우지 않지만, 여전히 한방에서는 쑥뜸을 최고의 치료 방법으로 친다.

글 쓸 때도 뜸을 들여야 한다. 주제가 떠오르면 충분한 사유가 필요하다. 생각하고 곱씹으며 농축을 시켜야 줄기가 보인다. 고민하고 뜸 들이는 시간이 길수록 글은 깊어지고 선명해진다. 장독에 재워 두는 장아찌도 오래 묵혀둬야 오묘한 맛이 난다. 씀바귀도 장물이 배어들면 감칠맛 있게 달면서도 조금은 쌉싸래한 맛이 난다. 무조건 쓰기만 한다고 글이 되는 것은 아니다. 기성 작가들도 한 단락을 채우려고 날밤을 새운다.

나는 늘 서둘렀다. 뜸 들이지 않고 바로 고치려고 했다. 시작이 반이라는 말처럼 일단 질러놓고 보자는 식이었다. 거품을 빼거나 줄거리부터 세울 생각은 해본 적이 없었다. 먼저 기둥을 세우고 벽을 만들어 집을 지을 생각은 하지 않고 방부터 만들었다. 몇 개를 이어 만든 컨테이너 집처럼 누더기 같을 때가 많았다. 기성 작가들은 펜만 들면 타고난 재능으로 주옥같은 명문장을 명주실처럼 뽑아내는 줄 알았다. 유명 작가들도 묵혀두고 고민하면서 수 없이 갈고 다듬는다는 것을 늦게서야 알았다.

　마음이 급한 사람이 늘어난다. 마치 내일이 오지 않을 것처럼 서두른다. 곰삭은 젓갈과 묵은지가 깊은 맛이 난다고 하면서도 정작 자신은 기다리지 못하고 뚜껑을 연다. 조금만 언짢아도 참지 못하고 무슨 일이든 바로 끝장을 보려고 한다. 이익을 좇아 무리하게 인연을 만들고 뛰어난 더듬이로 권력과 명예부터 챙긴다. 여물지도 않은 땡감이 산전수전 다 겪은 홍시 행세를 한다. 한여름 뜨거운 열기와 거센 태풍을 본 적도 없고 찬 서리의 아픔을 알지도 못하면서 거드름을 피운다. 자신을 비우고 욕심을 내려놓을 줄 모르니 참을 줄도 물러설 줄도 모른다.

　가끔은 뒤를 돌아보고 멈출 줄도 알아야 한다. 조금 느려도 어쩌면 그것이 삶의 지렛대 같은 것인지도 모른다. 서두르다 보면 사물을 제대로 보지 못해 헛다리를 짚거나 오점을 남긴다. 나무도 인고의 시간을 참고 견뎌야 꽃을 피우고 열매를 맺는다. 추운 겨울을 견뎌내고 꽃을 피우는 인동초 같은 인내와 끈기가 필요하다. 인생도 제대로 뜸을 들여야 잘 익어갈 수 있다.

서열

힘 있는 사람일수록 패거리를 몰고 다닌다. 아무리 중요한 행사장이라도 가장 늦게 나타나 세를 과시한다. 검은 정장의 건장한 덩치들을 좌우에 세우거나 줄줄이 달고 다닌다. 바쁘지도 않으면서 마지막에 나타나 자신이 주빈임을 은연중에 드러낸다.

어디에도 서열은 있다. 굳이 정하지 않아도 시간이 지나면 저절로 만들어진다. 수장을 꺼리는 집단도 있지만 대부분 서로 차지하려고 발싸심을 한다. 몸에 맞지도 않은 옷을 걸치고 별 필요도 없는 자리를 만들어 자신의 주장을 실현하려고 충성 경쟁을 시키기도 한다. 존재감 없는 직위라도 주어지면 선택받았다는 생각에 몸을 사리지 않고 선봉에 선다. 권력의 단맛을 알면 바른 소리에는 귀를 막고 봄바람처럼 살랑거리는 귀엣말에만 신경을 쓴다. 감당할 수도 없으면서 온갖 음모와 술수를 동원해 무리의 우두머리가 되려는 자들이 지천으로 생겨난다.

동물의 세계도 끊임없이 자리다툼이 일어난다. 때가 아닌 줄 알면서도 틈만 나면 수장의 힘을 점검한다. 어느 정도 힘이 생겼다고 판단되면 정식으로 도전장을 내민다. 이기면 모든 것을 다 차지하지만, 지면 영원히 무리에서 쫓겨나는 싸움이라 만만치가 않다. 몸싸움도 모자라 사생 결판을 낼 듯이 치열하게 물고 뜯는다. 자신의 유전자를 퍼뜨리려는 수컷의 본능적인 행위는 때와 장소를 가리지 않고 처절하게 이어진다.

가정에도 엄연한 서열이 존재한다. 타고난 자리라 마음대로 바꿀 수가 없다. 대부분 정해진 위치에서 자신의 역할에 충실하며 희로애락을 공유한다. 누구라도 머리를 치켜들면 위계질서가 파괴된다는 것을 알기에 평지풍파를 일으키지 않으려고 애를 쓴다. 삼강오륜 같은 원칙을 만들어 어린 시절부터 세뇌 교육을 하지만 얽매이지 않으려는 인간의 본성마저 잠재울 수는 없다.

며칠 전 아들네가 온다는 연락이 왔다. 전화를 받자마자 아내의 발걸음이 빨라진다. 수험생처럼 식탁에 앉아 뭔가를 골똘히 생각하며 쓰다 지우기를 반복한다. 물먹으러 가는 척하며 슬쩍 훔쳐보니 식재료 목록이다. 그날 이후 냉장고에는 비닐 포장이 하나씩 쌓여갔다. 최대한 인내심을 발휘하며 궁금해도 짐작만 할 뿐 애써 모른척했다. 괜히 관심을 보였다가는 바로 카트를 몰고 마트를 헤매거나 최소한 집 청소라도 책임져야 할 것 같았다. 언젠가 적극적으로 의사를 표시한 것도 아니고 체면치레로 슬쩍 물었다가 낭패를 당했다. 정말 두려운 것은 한번 그렇게 하고 나면 바로 일상화된다는 점이다. 좋은 마음으로 설거지를 한번 했다가 몇 달 동안 고생한 적도 있다. 정리정돈을 잘하느니 그릇에 윤기가 난다느니 하면서 추켜세우는 바람에 그만둘 수가 없었다. 손바닥에 주부습진이 생기고 나서야 겨우 벗어났다.

온갖 핑계를 다 댔지만 무시당하고 농산물시장까지 따라간 적도 있다. 시큰둥한 표정을 숨기려고 무진 애를 썼다. 더 못마땅한 것은 빨리 사지 않고 자꾸만 빙빙 도는 것이었다. 조심스럽게 불만을 나타내도 들은 척도 하지 않고 그 넓은 건물을 다 돌고 나서야 이것저것을 샀다. 그것이 끝이 아니었다. 물어보지도 않고 마트에 들러 먹거리를 잔뜩 사더니 들고 가자고 했다. 나이 들어가면서 이게 무슨 꼴인가 싶었다. 예전 같으면 바로 앞에 있는 재떨이도 가져오라고 할 나이인데 짐꾼처럼 졸졸 따라다니는 처지가 한심했다. 마음대로 물건을 사는 것도 아니고 지갑을 여닫으며 어깨에 힘을 주는 것도 아니었다. 늘어나는 비닐봉지를 손가락마다 끼우고 따라다니다 보니 손등까지 시퍼렇게 변했다.

　돌아보면 아버지도 그랬던 것 같다. 자식들이 오는 휴일이면 가마솥에 감자나 고구마를 삶고 냉방에다 군불을 지폈다. 칠순을 넘기고도 손자들이 기침할까 봐 밖에 나가 담배를 피웠다. 추어탕을 끓이는 어머니의 명을 받아 부추밭과 호박밭을 바쁘게 오갔다. 건장한 자식들을 보내도 되지만 어머니는 언제나 아버지에게 눈짓했다. 선비처럼 살았던 아버지도 칠순을 넘기자 가장의 자리에서 밀려났다. 긴 세월을 오직 앞만 보고 달렸지만 가는 길은 아버지와 다르지 않을 것 같다. 힘 있을 때 미리 다짐을 받아 둘까도 싶지만, 권력 속성상 부질없는 생각 같아 바로 접었다. 얼마 남지 않은 퇴직 후에 무슨 일을 해야 할지 궁리하는 시간이 조금씩 늘어난다.

　서열은 분명하게 드러날 때도 있지만 불문율로 정해지기도 한다. 바지사장을 앞세우고 뒤에서 조종하는 실세들처럼 책임은 지지 않고 혜택만 누리는 자들이다. 정해진 자리도 없고 눈에 보이지 않아도 모든 것을 쥐고 있다. 늘 희생을 강요하지만 정작 자신들은 주판알만 튕긴다. 태어나면서 신분이 정해지는 계급사회가 아니라도 공정하고 평등한 사회는 어디에도 없다. 위정자들은 모든 사람이 평등한 세상을 만들겠다고 하지만 몇이나 공감하겠는가. 인간 세상도 동물의 세계와 다르지 않다. 조금이라도 밀려나면 충성을 맹세한 수많은 추종 세력이 먼저 떠나간다.

지금은 힘이 지배하는 세상이다. 살아 숨 쉬는 힘의 움직임에 따라 이합집산이 반복된다. 같은 강물에 두 번 세수할 수 없다는 어느 작가의 말처럼 영원할 것 같은 옥좌도 최고의 인기 가도를 달리는 연예인도 여차하면 한순간에 나락으로 떨어진다. 높은 자리일수록 떨어지는 충격도 크다. 지나고 보면 어떤 권력도 스치고 지나가는 바람에 지나지 않지만, 오늘도 탐욕을 숨기지 못하고 부나방같이 달려든다. 모두가 어제오늘의 일은 아니다.

줄 타다

사람을 달고 다닌다. 지위가 높을수록 굵고 길게 이어진다. 이따금 학익진처럼 좌우로 늘어서서 세를 과시한다. 아무리 크고 중요한 행사장이라도 가장 늦게 나타나 서슴없이 앞자리를 찾아간다. 그래도 눈도장이라도 찍겠다며 몰려든 철새들이 북새통을 이룬다.

위계질서가 분명할수록 더하다. 일반인들이 범접할 수 없는 방어벽을 쌓아 놓고 자신들만의 세상을 만든다. 특별한 능력이나 재능도 없으면서 다수의 힘을 등에 업고 천만년 부귀영화를 누릴 생각부터 한다. 어찌나 철저하게 성을 쌓는지 어지간한 힘으로는 그 벽을 허물 엄두도 못 낸다. 늘 국가와 민족을 들먹이며 정의로운 세상을 만들겠다고 떠들어 대지만 말뿐이다. 속이 뻔히 들여다보여도 역풍을 맞을까 함부로 말을 내뱉지도 못한다.

자리를 두고 끊임없이 충돌한다. 삶과 직결되는 문제라 섣불리 물러나지 못한다. 힘이 모자라면 다른 무리나 세력과 합종연횡도 서슴지 않는다. 일단 싸움이 시작되면 조직과 의리를 앞세워 어떤 희생도 기꺼이 감수하게 한다. 자세히 보면 떼거리로 몰려다니는 짐승과 다를 바가 없다. 하찮은 곤충도 물러날 곳이 없으면 인간도 흉내 낼 수 없을 정도로 치열한 공방을 벌인다. 밀림을 휘젓고 다니는 맹수들도 불개미나 말벌의 필사적인 공격을 받으면 본능적으로 줄행랑을 친다. 대수롭지 않던 미물들도 작심하고 떼로 달려들면 맹수보다 더한 힘을 발휘한다.

특권층을 대상으로 한 드라마가 자주 방영된다. 얼핏 봐도 황당하고 비현실적이지만, 지도층의 생활상이나 자식 문제가 핵심이라 들여다보면 공감되는 부분도 많다. 실제로 매스컴에서 언급되는 사건들과 연결해보면 전혀 낯설지가 않다. 공통적인 내용은 그들만의 왕국을 만들어 인간의 보편적 가치를 무시하고 탐욕과 배신으로 일관된 삶을 살아간다. 이상한 것은 한번 빠져들면 자신도 모르게 물든다는 것이다.

언제나 힘센 우두머리를 중심으로 몰려다니며 으스대고 거들먹거린다. 위세만 등에 업으면 어중이떠중이들도 한풀이하듯 싸움을 걸고 행패를 부린다. 그 세계에도 모두가 머리를 조아리며 따르는 것은 아니다. 누군가는 힘을 키우며 정상을 노린다. 죽은 듯이 지내다가도 힘이 생기면 거침없이 도전장을 내민다. 생명과도 같은 자리를 지키고 뺏는 싸움이라 그냥 치고받는 정도를 넘어선다. 몸싸움 정도가 아니라 사생 결판을 낼 듯이 싸운다.

인생은 줄이라는 말이 있다. 살다 보면 어렵게 쌓은 지식보다 타고난 처세술이 더 큰 힘을 발휘할 때가 많다. 암기력이 좋아 뭐든지 잘 외우고 문제를 잘 푼다고 인간관계까지 잘 풀어가는 것은 절대 아니다. 학교의 우등생이 사회의 열등생이 될 수도 있다는 중학교 때 수학 선생님의 말씀을 깨치는 데는 많은 시간이 걸리지 않았다. 권력 주변에 서성이는 사람일수록 튼실한 동아줄을 잘 찾아낸다. 필사적으로 더듬이를 돌려 찾아낸 권력이 사정권에 들어오면 수단과 방법을 가리지 않고 잘도 잡는다.

회사에서도 마찬가지였다. 퇴근 시간이 가까워지면 사발통문이 은밀하게 돌았다. 비밀 결사대처럼 정해준 장소에 속속 모여들었다. 술잔이 채워지기도 전에 회사에서 벌어졌던 갖가지 일들이 안주로 올라왔다. 정의의 사도처럼 자신들의 잣대로 재단하고 판단하며 술잔을 돌렸다. 취기가 오르면 애사심을 참지 못하고 울분을 토하듯이 탁자를 치며 핏대를 올리지만 별 내용은 없었다. 날마다 진하게 술을 마시다 보니 저절로 혈맹 같은 패거리가 되어갔다.

먹고 마실 때는 좋지만 갚을 때는 괴롭다. 월급날만 되면 술집 주인들이 장부를 뒤적이며 일찌감치 정문에 진을 친다. 어수선한 틈을 타 도망가려는 사람도 있지만, 저승사자처럼 모든 정보를 갖고 있어 피할 수가 없다. 어떤 사람은 늦게까지 정문 주위를 살피며 퇴근을 미루는 악수를 둔다. 그날은 피할 수 있을지 몰라도 다음날이면 바로 사무실로 찾아와 더 난감한 상황이 벌어진다.

월급봉투가 얇아지면 우선 숫자를 칼로 긁어냈다. 종이가 뚫어지거나 때가 묻지 않도록 깨끗하게 지웠다. 가장 어려운 작업은 원하는 숫자를 정확하게 찍는 것이다. 주변 숫자와 형태는 물론이고 명암도 비슷해야 한다. 고난도의 작업이라 반드시 타이핑 전문가에게 부탁한다. 퇴근 시간이 가까워지면 약속이나 한 듯 빈 봉투를 들고 타자기 근처로 모여들었다. 다시는 이런 치사한 짓을 하지 않겠다고 다짐하지만, 무리에 들면 쉽게 벗어나지 못한다.

생산팀장일 때였다. 담당 임원이 자주 찾았다. 생산설비와 제품의 불량에 대해서 많이 물었다. 생산 계획을 수립하거나 결과를 분석할 때는 빠진 적이 없었다. 간혹 불량이 쏟아지면 여러 임원을 찾아다니며 원인과 대책을 설명했다. 어떤 때는 다른 부서 담당 임원을 수행할 때도 있었다. 언제부턴가 직속 상사의 태도와 말투가 달라졌다. 보다 못한 선배가 귀띔해 주었다. 다른 방에 드나드는 것을 언짢아하더라고. 찾아가서 해명할 수도 없고 하기도 싫었다. 그 말을 듣고 나니 기가 찼다.

뜬금없이 기술연구소로 발령이 났다. 연구소 담당 임원은 취득 예정인 박사 학위 때문에 갑자기 단행되었다고 했다. 나중에 알고 보니 사장님의 배려였다. 고마웠으나 허전한 마음을 채워주지는 못했다. 휴일도 없이 출근한 것도 모자라 생산에 문제가 생기면 자다가도 나가고 태풍이 오면 아예 밤을 새우기도 했던 일들이 주마등처럼 스쳐 갔다. 그때는 아무리 열심히 일해도 같은 패거리가 아니면 인정받기 어려웠다.

줄은 잡는 순간 순서가 정해진다. 마음대로 올라갈 수도 없고 놓을 수도 없다. 누군가가 당겨주면 올라가지만 놓아버리면 천 길 낭떠러지 아래로 떨어진다. 그래도 줄을 타려는 사람들이 벌 떼처럼 몰려든다. 자리를 감당할 수도 없으면서 탐욕을 숨기지 못한다. 때로는 해서는 안 될 행동이나 독설로 선을 넘는 경우도 많다. 더불어 사는 세상을 강조할수록 훨씬 더하다. 어디를 가도 철새들이 떼를 지어 몰려다닌다. 줄에서 떨어지면 인생 끝나는 줄도 모르고.

제2장

사북

사북

수정방

종풍

추어탕

빗장을 풀다

커닝 단상

석연石硯

퇴근

액땜

한마디 하고 싶어도 참는다

사북

한번 박히면 빠져나올 수가 없다. 아무리 발버둥 쳐도 제자리만 맴돈다. 왜소하고 깡마른 체구지만 몰려오는 세파를 스스로 감당해야 한다. 설사 등이 굽고 허리가 휘어져 기동조차 힘들어도 마음대로 헤어나지 못한다. 온몸으로 버티는 그 자리가 얼마나 힘들고 어려운지 겪어본 자만이 알 수 있다.

세상 어디에나 중심이 있다. 무수한 별들로 뭉쳐진 은하계도 구심점이 있고 물을 안고 돌아가는 물레방아도 축이 있다. 망망대해를 떠다니는 큰 배나 강물을 따라가는 작은 가랑잎도 균형을 잃으면 전복되고 침몰한다. 사람이 사는 세상도 매한가지다. 누군가가 자신을 내려놓고 헌신적 봉사와 사랑으로 최선을 다해야 정상적으로 나아간다. 늘 반복되는 일상생활도 궤도를 이탈하지 않으려면 줏대가 확실해야 한다.

　장수의 말 한마디가 전쟁의 승패를 좌우한다. 여차하면 단번에 수많은 병사를 사지로 몰아간다. 진퇴를 결정할 때마다 결사의 의지로 고뇌에 찬 결단을 내린다. 얕은 생각으로 섣불리 덤비거나 함부로 칼을 빼다가는 필패로 이어진다. 몸에 맞지도 않은 자리에서 거들먹거리는 수장은 위급한 상황이 닥치면 몸부터 사리고 엉뚱한 데다 진을 쳐 싸워보지도 못하고 헛된 죽음이 되게 한다. 평상시에는 진정한 지휘관이 누군지 알기 어렵고 위험이 닥쳤을 때는 이미 늦다. 예나 지금이나 용맹스러운 장수가 버티는 군대는 군령이 서고 늘 대오를 갖추고 있다.

　기업도 최고경영자의 신뢰가 중요하다. 뛰어난 능력자라 해도 독불장군으로 설쳐대면 마음을 얻기 어렵다. 직원을 가족처럼 생각한다 해도 말과 행동이 다를 때가 많다. 호황일 때는 공치사만 늘어놓다가 불황이 닥치면 직원들에게 책임을 전가한다. 총수의 일탈로 회사가 어려워져도 오롯이 직원들에게만 피해가 돌아간다. 정당한 임금도 시혜를 베풀듯 생색내며 아랫사람만 허리띠를 졸라매게 한다. 최고의 수장은 있는 듯 없는 듯하다가도 고난이 닥치면 언제나 선봉에 서서 거센 풍파를 헤쳐 나간다.

　고향 뒷산에도 있었다. 높은 산이라 계곡이 깊고 물길이 좋아

반질거리는 바위가 많았다. 산 중턱의 아늑한 지형은 쥘부채처럼 능선으로 둘러싸여 밖에서는 잘 보이지 않았다. 상서로운 기운이 밖으로 빠져나가지 못하게 계곡을 살짝 가리는 바위는 얼핏 봐도 능선을 타고 내려온 정기가 응축되는 묘한 형세였다. 펼쳐진 여러 능선이 부챗살같이 모여드는 곳에 있는 바위를 사람들은 사북바위라 불렀다.

어김없이 큰절이 자리 잡았다. 주변에 닥나무가 많고 계곡에 흐르는 물이 좋아 불교 경전 발간을 시작하자 장기간 머무는 스님과 신도가 늘어났다. 끊임없이 찾아오는 사람 뒤치다꺼리에 염증을 느낀 상좌 중이 제발 빨리 떠나게 해달라고 날마다 기도했다. 어느 날 행인이 절 입구에 있는 바위만 깨뜨리면 단숨에 해결된다는 말을 남기고 사라졌다. 상좌 중은 아무도 모르게 정을 박아 산산조각을 냈다. 바위 때문에 스님과 신도가 많다는 말에 바위부터 깨뜨린 것이었다. 깨진 바위에서 봉황새가 울면서 날아가자 빈대가 들끓는 절에는 신도의 발길이 끊어지고 얼마 후 소실되었다. 여러 번 전설의 고향에 등장하고 문헌에도 남아 있는 대찰은 푸른 이끼를 뒤집어쓴 석조石槽와 주춧돌 몇 개만 남겨둔 채 완전히 사라졌다.

쥘부채에도 중추가 있다. 부채의 줏대라 불리는 성냥개비보다 가늘고 짧은 철심이다. 비록 시서화가 뛰어난 합죽선이라 해도 중심이 없으면 무용지물이다. 사력을 다해 대오리 다발을 붙잡고 있어도 워낙 은밀한 곳이라 아무도 관심이 없다. 사람들은 오직 눈에 보이는 산수화나 글씨에만 정신이 팔려 탄성을 지른다. 설사 인간문화재 선자장의 백 번이 넘는 손길로 만들었다 해도 부채 목을 고정하는 철심이 박혀야 비로소 완성된다.

줄타기 공연을 보러 갔다. 긴 빨랫줄 같은 외줄 하나만 허공에 걸쳐져 있다. 안전장치가 없어 중심을 잃고 떨어지면 광대 인생이 끝날 수도 있을 것 같다. 삼현육각의 주악이 울리자 남색 비단 띠를 허리에 두른 줄광대가 단숨에 작수목에 오른다. 외줄 앞에 서서 어릿광대와 몇 마디 말을 주고받으며 박수와 추임새를 유도하더니 하얀 버선발을 줄 위에 살포시 올린다. 공작 깃털이 달린 모자를 쓴 줄꾼이 비틀거릴 때마다 허름한 쥘부채가 허공에서 춤을 춘다. 관객들은 숨을 죽인 채 마른침도 삼키지 못한다. 쥘부채를 모아쥐고 능청거리는 외줄을 따라 몇 발짝 나아가더니 갑자기 발을 헛디딘 듯 툭 떨어졌다가 허공으로 튀어 오른다. 파란 하늘에 붉은 합죽선이 쫙 펼쳐지자 탄성과 박수가 동시에 터진다.

줄을 타는 기예는 어디서나 만날 수 있다. 중국 예술단의 줄타기는 상상을 초월한다. 아득한 고공에서 그네를 타듯 활공하다가도 어느 순간에 뚝 떨어져 관객의 가슴을 철렁하게 만든다. 때로는 외줄 하나에 목숨을 의지한 채 천길 협곡을 건너는 장면을 연출하고 대롱대롱 줄에 매달려 별별 기예를 다 보여주며 간담을 서늘하게 한다. 화려한 복장과 곡예에 탄성과 박수는 터지지만, 관객과 함께 즐기는 장면은 찾아보기 어렵다. 연주와 추임새를 담당하는 악공이나 재담과 춤사위, 소리로 관객을 웃기고 울리는 어릿광대가 없기 때문이다. 단순히 줄만 타는 기예는 다양한 장르가 어우러지는 판줄놀음만큼 여운이 길지 않다.

어름사니가 줄타기 놀음의 주역이다. 줄 위에 서면 오직 발바닥에서 전해오는 외줄의 상태에 촉각을 곤두세운다. 벼 이삭을 훑듯 엄지발가락으로 줄을 꼭 잡고 줄의 장력과 탄성 마찰 상태는 물론 바람의 세기까지 면밀하게 파악한다. 발바닥이 흥건할 정도로 물을 뿌리고 발목에 각반까지 차지만 크고 작은 부상을 피하기는 어렵다. 설령 숙련된 줄꾼이라 해도 줄이 발바닥을 벗어나면 바로 균형을 잃고 바닥으로 곤두박질친다. 물먹은 솜처럼 육신이 무거워도 줄을 박차고 허공으로 날아야 줄꾼이다. 판줄놀음의 주인공인 줄광대는 오늘도 출렁대는 외줄을 타며 부채를 접었다 펼치기를 반복한다.

어디에도 사북이 있다. 탐내거나 바라지 않아도 운명적으로 정해진다. 부챗살이 펼쳐질 때마다 허리가 끊어질 듯 고통스러워도 참아내는 철심처럼 온몸으로 버텨낸다. 위계질서가 철저한 조직일수록 쉽게 굴레에서 벗어나지 못한다. 한번 정해지면 추스르기도 힘든 노쇠한 몸이라 해도 거칠게 밀려오는 삶의 무게를 오롯이 짊어져야 한다. 묵묵히 걸어가는 그 길은 보이지도 않고 정해진 법칙도 없다. 가쁜 숨을 몰아쉬는 황소처럼 다리를 후들거리며 앞만 보고 걸어갈 뿐이다. 종이가 찢어지고 대오리가 부러져도 죽는 날까지 묵묵히 역할을 다한다.

인간의 삶도 마찬가지다. 쥘부채같이 중심이 굳건해야 궤도를 이탈하지 않는다. 사북을 벗어나지 못하는 부챗살처럼 정해진 길을 우직하게 따라가야 한다.

수정방

 향내가 진동한다. 마개를 비틀자마자 순식간에 쏟아져 나온다. 일찌감치 진을 치고 있던 갖가지 음식 냄새를 일시에 몰아내고 공간을 점령한다. 맑은 술이 제대로 줄기를 만들기도 전에 엄지손가락만 한 잔이 차고 넘친다. 첫 잔이 목젖을 치고 울대를 통과하자 전신이 짜르르 경련을 일으킨다.
 백주白酒가 생일상에 올라왔다. 아들이 준비한 수정방水井坊이다. 갑옷처럼 단단한 포장을 어떻게 벗겨야 하는지를 몰라 한참 동안 만지작거렸다. 신부의 옷고름 같은 쇠고리를 잡아당겨 겉옷을 벗기자 속살이 훤히 보이는 유리병 하나가 결곡한 자태를 드러낸다. 어찌나 맑고 투명한지 술이 담겼는지 비었는지 모를 정도다. 몸통을 쓰다듬다 사자 머리가 새겨진 부분에 손끝이 닿자 온몸이 찌릿하다. 속을 들여다보니 산수화 여섯 폭이 육각 바닥에 펼쳐져 있다.

수정방은 육백여 년 전 중국의 사천성四川省 성도成都에서 처음 만들어진 백주다. 발효된 고체 상태의 누룩을 증류하는 대곡주大曲酒로 향이 강하고 짙은 맛을 내지만, 다른 증류주에 비해 재료가 많이 들어가고 양조 기간이 길어 가격이 만만치 않다. 두 번의 증류를 거쳐 이삼 년간 숙성시킨 원액을 시음한 다음 다시 혼합하여 이 년 정도 숙성시키다 보니 진흙 항아리에서 숙성되는 기간만 최소 오 년이 걸린다.

백주를 가장 좋아한다. 주정을 물로 희석하는 소주나 독특한 냄새의 막걸리는 잘 마시지 않는다. 양주도 입맛에 맞지 않아 동료나 친구들과 술집에 가서도 색상이 비슷한 우롱차를 앞에 놓고 있을 때가 많았다. 수정방 같은 백주는 다르다. 뚜껑을 따면 일시에 터져 나오는 독특한 주향이 좋고 수정같이 투명한 병의 기품과 앙증맞은 잔이 눈길을 사로잡는다. 한 모금만 마셔도 가슴이 불타고 신경을 마비시키는 흥취가 일고 아무리 많이 마셔도 뒤끝이 깨끗해서 좋다.

처음부터 좋아한 것은 아니다. 술을 즐기지 않은 탓도 있지만, 알코올 도수가 높다는 말에 지레 겁먹고 손사래를 쳤다. 기름진 중화요리를 먹을 때도 반주 대신 짬뽕 국물을 시켰다. 술이 생각나면 소주나 맥주를 주문했다. 한 번도 먹어보지 못한 음식은 용감하게 달려들어도 먼지를 뒤집어쓴 채 벽장에 진열되어 있는 중국 술은 본체만체했다. 유년 시절 맛봤던 막걸리나 서민들이 즐겨 마시는 소주보다 도수가 높은 증류주는 애주가들이 마시는 것으로만 알았다.

회사 다닐 때 중국 출장을 갔다. 상해에서 며칠 동안 공장을 둘러보고 북경에 도착하자 슬슬 김치가 생각났다. 누구보다 중화요리를 좋아했지만 날마다 계속되는 기름진 음식 때문인지 속이 편치 않았다. 식탁에 앉을 때마다 준비해간 소주를 반주로 마시다 보니 얼마 지나지 않아 바닥이 났다. 급한 김에 맥주를 시켰다. 시원한 맛은 있지만, 돼지고기 요리와 같이 기름기가 많은 음식에는 제격이 아닌 것 같았다. 옆자리에서 배갈을 마시고 있었다. 술보다 유명 장인이 빚은 도자기처럼 고급스럽게 보이는 하얀 사기잔에 먼저 눈길이 갔다. 궁금함을 참지 못하고 한 병을 시켰다. 주酒 자처럼 닭이 물을 먹듯 조금씩 마시라는 말을 듣고 조심스럽게 한 모금 들이키자 짜릿함이 전신에 번졌다. 얼굴이 화끈거릴 정도로 연거푸 몇 잔을 마셨지만, 식사를 마치고 일어서자 언제 그랬냐는 듯 몸이 가볍고 정신이 맑았다.

몇 달 전, 아들이 이사한 아파트에 갔다. 식탁 위에 버티고 있는 수정방이 제일 먼저 눈에 들어왔다. 동공이 확장되면서 여정에 쌓였던 피로가 일시에 사라지는 느낌이었다. 소파에 앉아 있어도 자꾸만 그쪽으로 눈이 갔다. 독주에는 기름진 안주가 제격인데 반찬 외에는 아무것도 없었다. 궁금해도 물어볼 수가 없었다. 시간에 맞춰 식탁에 앉자 펑퍼짐하고 두툼한 그릇을 조심스럽게 들고나왔다. 뚜껑을 열자 녹색 청경채가 거무스름한 돼지고기를 둘러싸고 있었다. 어떤 양념을 얼마나 넣었는지 알 수 없지만 먹음직스러웠다. 중국의 시인 소동파가 조리법을 개발했다는 동파육이었다.

  바로 백주 뚜껑을 땄다. 따르기도 전에 향이 먼저 후각을 자극한다. 입주를 축하하는 건배와 더불어 술잔이 빠르게 오고 갔다. 몇 잔을 연거푸 마시고 나니 다시 동파육에 관심이 갔다. 집에서 늘 먹던 삼겹살 수육과는 생김새만큼이나 맛도 달랐다. 양념이 깊이 배었는지 오묘한 맛이 났다. 네 시간 동안이나 조리에 신경을 쓴 며느리는 시종 이야기를 듣고 있었지만, 맛에 대한 평가를 기다리고 있는 듯했다. 연달아 한 점을 더 먹고 맛이 좋다고 했더니 처음 만들어 봤다고 하면서 그제야 활짝 웃는다. 음식과 술맛이 찰떡궁합이 되어 어우러지니 술병은 금세 바닥을 드러냈다. 아들은 잽싸게 한 병 더 가져왔다. 그날은 둘이서 독주 두 병을 땄다.

모두가 생일상에 둘러앉자 장남이 잔 여섯 개를 채운다. 이미 여러 번 마신 적이 있는 두 아들은 입맛부터 다신다. 가족 모임 때마다 다양한 백주 맛을 본 며느리도 향이 오래가고 뒤끝이 좋더라며 잔을 챙긴다. 생일 축하 노래가 끝나자 다 같이 술잔을 부딪치며 건배를 했다. 며느리는 꺾어 마시고도 물을 찾았지만, 아들은 단숨에 잔을 비우고 빠르게 빈 잔을 채웠다. 잔이 오갈 때마다 성도의 명승지가 출렁대는 병 속에서 나타났다 사라진다. 꼭 들려주고 싶은 덕담을 많이 준비했지만, 취기 때문인지 엉뚱한 이야기만 실컷 늘어놓았다.

잠자리에 들자 아버지가 생각났다. 비몽사몽이라 그런지 아무리 생각해도 대작한 기억이 나지 않는다. 모임이 있을 때마다 술잔을 올렸지만, 받아본 적은 없다. 명절에도 일가친척이 주는 잔만 받았다. 그때는 아버지와 마주 앉아 술잔을 주고받으면 안 되는 줄 알았다. 이제는 향이 좋은 명주를 대할 때마다 곁에 없는 아버지 생각이 구름처럼 피어난다. 대작 한 번 하지 못한 자신을 자책하며 밤이 깊도록 몸을 뒤척인다. 몽롱하던 정신이 갈수록 맑아진다.

종풍

신문을 보다 눈이 번쩍 뜨였다. 제목이 "포스코 포항 1 고로高爐, 반세기의 역사 마무리"였다. 반세기 동안 오천만 톤이 넘는 철을 생산해 국가 경제 발전의 초석이 되었다는 구체적인 부제도 보였다. 수명을 다한 용광로의 불을 끈다는 내용의 간단한 기사였다. 평생 쇳물을 쏟아 내던 고로의 퇴역 기사에서 옛 기억들이 물안개처럼 피어났다.

첫 출선出銑, 주황색 쇳물이 섬광을 번쩍이며 출선구를 빠져나오던 날 일제히 만세를 불렀다. 기쁨을 감추지 못하고 눈물을 흘리는 사람도 있었다. 그 순간만큼은 현장에서 일한 사람이든 구경꾼이든 한마음 한뜻이었다. 역사적인 순간이었다. 가슴 졸이며

TV를 지켜보던 사람들도 흥분을 감추지 못하고 감격하던 모습이 지금도 생생하게 떠오른다. 변변한 공장 하나 없던 변방의 작은 나라가 경제 대국으로 성장한 배경을 설명할 때마다 반세기 전 그날이 전설처럼 등장한다.

전쟁의 상흔이 가시기도 전에 제철소를 짓겠다고 나섰다. 원조가 없으면 끼니조차 해결하지 못하는 나라가 첨단 산업에 도전장을 내밀었다. 맹방이나 우방국들조차 철강 생산은 아무나 하는 것이 아니라며 적극적으로 말렸다. 설립한다 해도 국내 기술 수준으로는 생산이 어렵다며 비아냥거리기도 했다. 곳곳에 특사를 보냈지만 별 소득 없이 빈손으로 돌아왔다. 차관을 들여와 공장을 짓겠다던 야심 찬 계획은 힘을 잃어갔다. 급기야 조상들의 혼이 담긴 대일 청구권 자금을 투입했다.

척박한 토양이었다. 누구도 장담할 수 없는 영일만에 자리 잡았다. 거친 바닷바람이 쉴새 없이 흙모래를 흩날리는 황량한 바닷가에 쇠말뚝을 박았다. 눈을 뜨기조차 힘들 정도로 모래바람이 불어도 망치 소리는 요란했다. 지축을 흔드는 쇠망치도 가쁜 숨을 몰아쉬며 씩씩댔다. 거침없이 파헤쳐진 붉은 흙을 바다에 밀어 넣자마자 검푸른 파도가 기다렸다는 듯 단번에 쓸어가 버려도 포기하지 않았다.

주황색 작업복 차림의 용사들이 나타났다. 황량한 벌판에다 간이 건물을 짓고 밤낮없이 쿵쾅거렸다. 중장비의 요란한 굉음과 대낮같이 밝은 불빛이 가난하고 조용한 어촌의 흔적을 지워나갔다. 날마다 몰려드는 레미콘 트럭들이 도로를 만들고 거푸집을 채웠다. 기초공사가 끝나기도 전에 외국 기술자와 설비들이 하나둘 들어왔다. 공사는 군사작전을 펼치듯 일사천리로 진행됐다. 국운이 달려 있다는 말에 누구도 거역하거나 게으름을 피울 수가 없었다.

쇳물 생산이 안정화될 무렵 제철 장학생이 되었다. 공업고등학교에 한 명씩만 주는 장학금이었다. 파격적인 큰 금액에 선생님들도 놀랐다. 장학증서뿐만 아니라 취업을 보장하는 사원증과 배지 등도 보내왔다. 담임과 학년 주임 선생님이 집을 방문해 축하해줄 정도였지만 할아버지는 뜨거운 쇳물을 다루는 공장에 가는 것을 크게 반기지 않는 눈치였다. 모두가 월급 많고 안정적인 대기업에 간다고 부러워해도 기쁘지만은 않았다. 아무도 모르게 진학을 준비하고 있던 터라 혼자 냉가슴만 앓았다. 덥석 물 수도 포기할 수도 없는 계륵 같은 장학금을 앞에 두고 한동안 갈등의 늪에서 허우적댔다.

대학 시절 현수막 하나가 눈길을 끌었다. "철과의 만남"이라는 특별 강연에 일본의 유명 대학 금속 전공 교수가 연사였다. 별생각 없이 들어선 대강당에는 빈자리가 보이지 않을 정도로 학생들이 진을 치고 있었다. 재일교포였던 강사는 종합제철소의 태동 단계에 참여했던 세계적 권위자였다. 기획되고 입안되는 과정과 설립 배경을 자세하게 설명했다. 듣는 내내 진학과 취업의 갈림길에서 밤새워 고민하며 가슴 아파했던 지난 일들이 새록새록 떠올랐다. 첫사랑같이 늘 가슴 한곳에 자리 잡고 있던 회사라 하는 말마다 귀에 쏙쏙 들어왔다.

한동안 철강공장에서 근무했다. 매월 제철소와 정례회동을 가졌다. 회사는 달라도 철강 불량을 해결하려는 기술자 모임이었다. 만날 때마다 선진국에서 구한 자료를 건넸지만, 턱없이 부족한 기술과 경험이 늘 문제였다. 꾸준히 설비와 공정을 개선하자 조금씩 품질이 안정되어갔다. 갈 때마다 가장 먼저 눈에 들어오는 용광로가 지난 일들을 불러냈다. 고등학교를 졸업하고 이곳에 왔더라면 어떤 부서에서 무슨 일을 하고 있을까 싶었다. 끓어 넘치는 뜨거운 쇳물을 받아낼까, 아니면 조장 완장을 차고 거들먹거리고 있을까. 이런저런 생각을 하다 보면 가슴이 먹먹해졌다.

대학 강단에 서면서 공장을 견학했다. 학생들은 정문을 들어서기도 전에 엄청난 규모에 감탄하고 철광석을 녹이고 강철을 만드는 제선製銑, 제강製鋼 공정의 열악한 근무환경에 놀랐다. 제철소 역사를 보여주는 홍보영화 앞에서는 언제나 숙연해졌다. 선배들은 가난을 대물림하지 않겠다며 열심히 일했다. 잘못되면 다 함께 영일만 바다에 빠져 죽자는 책임자의 말에도 군말 한마디 하지 않았다. 밤마다 가족사진을 어루만지며 가난한 부모 형제를 생각했다. 마침내 고로에 불을 지피고 가슴 조이며 쇳물을 기다렸다. 가슴 벅찼던 순간도 잠시, 세월이 흐를수록 푸르디푸른 시절을 함께한 동반자들은 고로만 남겨둔 채 하나둘 떠나갔다.

 포항 1고로는 긴 세월 제철소의 상징이었다. 연달아 몇 기가 더 들어서고 광양만에 신설비가 들어와도 맏이 역할은 변함이 없었다. 삭신이 쑤시고 아파 굴신조차 힘들어도 날만 새면 논밭으로 나가는 가장처럼 날마다 수천 도의 열기와 싸우며 쇳물을 생산했다. 갈수록 기력이 떨어져 예전만 못해도 하소연할 곳조차 없었다. 제구실은 고사하고 형체조차 유지하기 힘들어도 쉴새 없이 불길에 시달렸다. 밤낮없이 혹사당해 숨을 쉴 수조차 없어도 불을 끄면 안 되는 줄 알았다.

 세상에 영원한 것은 없다. 끝도 시작도 없이 달리는 시간의 열차에 잠시 편승했다 사라질 뿐이다. 뱃고동 소리와 함께 화려한 진수식을 가진 선박도 얼음을 깨고 첫 기적을 울린 기관차도 임무를 완수하면, 허수아비가 되어 박물관 신세가 된다. 아무리 단단한 바위도 언젠가는 먼지가 되듯 고로도 산화되고 풍화되어 본래의 모습으로 돌아간다. 이 순간에도 산도를 통해 세상에 나온 강철이 검버섯 같은 녹이 되어 바람을 탄다. 세상 만물 어느 것 하나 생겨나고 사라지기를 반복하는 구름과 다를 것이 없다.

고로의 불길이 잦아든다. 반세기 동안 쉴새 없이 녹여내던 쇳물이 모두 빠져나가자 스스로 박제가 된다. 한평생 하혈하듯 뜨거운 쇳물을 쏟아 내던 거대한 용광로가 주검처럼 싸늘히 식어간다. 마지막 불꽃이 사라지는 종풍終風에는 일생을 함께한 동반자의 곡소리도 눈물도 없다. 앞만 보고 달려온 고로가 조용히 영면에 든다.

추어탕

　벌초하러 시골집에 갔다. 어둠이 남아 있는 동네는 정적에 잠겨 있었다. 고샅길에 들어서니 구수한 추어탕 냄새가 먼저 마중을 나왔다. 우리 집에서 나온 게 분명했다. 수십 년 즐겨 먹던 음식이라 단번에 알았다. 이른 새벽부터 준비하느라 바빴을 팔순 어머니 모습이 눈앞을 가렸다.

　며칠 전, 전화했더니 토종 미꾸라지를 샀다고 했다. 노랗고 작은놈이라고 몇 번이나 강조했다. 언젠가 지나가는 말로 검고 굵은 수입품은 맛이 없다고 한 말을 기억하고 있는 것 같았다. 순수한 자연산은 아무 때나 나오지 않는다. 초여름에 산란하면 적어도 입추를 지나야 먹을 만큼 큰 씨알이 된다. 시도 때도 없이 시장에 나오는 튼실한 놈들은 양식 아니면 물 건너온 것이 대부분이었다.

미꾸라지는 잉엇과에 속하는 민물고기이다. 한자어로는 추鰍라고 한다. 길고 가는 몸이지만, 작은 입 주변에는 다섯 쌍의 수염이 있다. 비늘은 대부분 살갗 속에 묻혀 있고 머리에는 비늘이 없다. 주로 진흙이 깔린 봇도랑이나 수로같이 물살이 없는 곳을 좋아하며 수초나 유기물을 진흙과 함께 먹는다. 아가미와 장으로 호흡할 수 있어 겨울에는 진흙에서 동면한다. 지방과 단백질은 물론이고 비타민 A가 많아 뱀장어에 버금가는 영양 식품으로 친다.

미꾸라지는 잡기가 어렵다. 기름칠한 것처럼 표면이 매끄러워 여차하면 놓치고 만다. 확실하게 잡았다 싶어도 어느새 손가락 사이로 빠져나가고 장어처럼 힘이 좋아 틈새만 있으면 파고든다. 물살이 센 자갈밭보다는 수초가 많은 진흙 바닥을 좋아한다. 어찌나 미끄럽고 잘 숨는지 소쿠리나 반두, 통발 같은 도구를 사용해도 요령이 없으면 잡기 어렵다.

유년 시절 어머니에게 잡는 법을 배웠다. 벼 이삭이 여무는 늦가을에 어머니를 따라 물꼬를 헤집었다. 수확을 앞두고 논바닥을 말리려고 만든 배수로였다. 진흙을 맨손으로 천천히 파헤치자 통통하게 살이 오른 미꾸라지가 웅크리고 있었다. 물길을 따라 모여든 미꾸라지가 진흙 속에서 겨울잠을 준비하고 있었다. 작은 도랑에서는 물을 첨벙거리며 소쿠리로 잡았다. 한 손으로 테두리를 잡고 한 발로 바닥을 밟으면 놀란 미꾸라지가 소쿠리 안으로 들어왔다. 여차하면 튀어 나가는 바람에 들어 올리는 타이밍이 정말 어려웠다.

반두로 잡을 때가 가장 신난다. 그물 양쪽에 대나무가 있고 끝부분에는 추가 있어 혼자서는 사용할 수가 없다. 피라미나 붕어같이 물에 떠다니는 물고기는 두 사람이 맞잡고 앞으로 가면 되지만 미꾸라지를 잡을 때는 바닥에 고정한다. 그물추를 반쯤 흙에 묻어 턱이나 빈틈이 없게 하고 수초나 풀을 뜯어 넣어 일단 들어오면 도망가지 못하게 하는 기술만큼이나 바닥을 밟는 몰이도 어렵다. 지나치게 서두르거나 꾸물거리면 한 마리도 못 잡는다.

때로는 통발을 사용했다. 길목에 숨어 기다리는 매복처럼 놓는 위치가 중요하다. 맥을 잘 짚고 정확한 목에 놓아야 한다. 큰 힘 들이지 않고 수월하게 잡을 수 있는 장점도 있지만, 미꾸라지의 습성을 모르면 허탕이다. 잘게 쪼갠 대나무를 엮어 만든 통발은 한번 들어가면 절대로 나올 수 없는 구조라 좁은 도랑이 적격이다. 물살이 조금 있는 길목에 설치하되 반드시 물이 흐르는 반대 방향으로 놓아야 한다. 조용한 밤중에 주로 이동하는 미꾸라지를 잡으려고 초저녁에 설치하고 새벽에 찾으러 갈 때가 많다.

집중하지 않으면 잡을 수가 없다. 습성을 안다고 해도 순간적인 판단이 없으면 소용이 없다. 진흙 상태나 물살 등을 살펴보고 장소가 결정되면 발소리부터 죽여야 한다. 떠들거나 쿵쾅거리면 위험을 감지하고 잽싸게 달아난다. 머리싸움에서 이겨야 잡을 수가 있다. 전략과 전술에 능하지 않으면 안 된다. 작전이 개시되면 전쟁하듯이 일사불란하게 공격해야 한다. 몸을 비틀고 버둥거리는 미꾸라지를 보면 고지를 점령한 것처럼 저절로 탄성이 나온다.

늘 한 사발 정도만 잡았다. 목표를 달성했다 싶으면 욕심부리지 않고 바로 발길을 돌렸다. 미꾸라지만 골라 사발에 담으면 하얀 거품을 내뱉으며 서로 엉키고 파고들어 덩어리같이 뭉쳤다. 주전자를 들고 들어오면 길에서 마주치는 사람마다 보여 달라고 했다. 많이 잡았을 때는 개선장군처럼 당당하지만 그렇지 않을 때는 주전자를 먼저 보내고 한참 뒤에서 천천히 따라갔다. 작은형님에게 배운 방법이었다.

형님과 자주 미꾸라지를 잡으러 다녔다. 그날은 희한하게 잘 잡혔다. 작은 수로였지만 물 반 고기 반이라는 말이 실감날 정도였다. 탄성을 지르느라 입을 다물 틈이 없었다. 소쿠리가 물속에 들어가기만 하면 새끼는 물론이고 친척까지 대동하고 들어왔다. 잠시 잡았는데 두 되짜리 노란 양은 주전자가 가득 찬 것 같았다.

마치 흥보가 박을 타듯이 털어 붓고 나면 또 그만큼 올라왔다. 하지만 기쁨은 오래가지 않았다. 급하게 담으려다 미끄러지면서 주전자를 발로 차 다 쏟고 말았다. 깜짝 놀라 달아나는 놈들을 보고 잽싸게 소쿠리로 퍼 올렸지만, 절반도 잡지 못했다. 결국, 한 사발만 잡고 포기했다.

애호박과 호박 이파리만 넣어서 그런지 국물이 맑고 시원했다. 여러 지방을 다니면서 먹어 봤지만 이런 맛은 없었다. 어릴 때부터 먹던 것이라 동생들도 두세 그릇씩 뚝딱 해치웠다. 그릇을 비울 때마다 추어탕집을 차리면 떼돈을 벌겠다며 너스레를 떨었다. 아들들이 맛있게 먹는 모습을 지켜보며 입꼬리를 들썩이던 어머니는 정작 추어탕을 좋아하지 않았다.

지금은 고향에도 미꾸라지가 없다. 있어도 공장지대에서 흘러나오는 폐수 때문에 먹지 못한다. 물고기가 떼 지어 살던 그곳은 대형 폐수처리장이 되었고 맑은 물이 흐르는 봇도랑이나 논 물곬에도 농약 때문에 씨가 말랐다. 끝모르는 인간의 욕심이 많은 것을 파괴하고 뺏어갔다. 반격과 보복의 날이 자꾸만 가까워지는 것 같아 갈수록 두려운 생각이 든다. 나만 그럴까.

빗장을 풀다

빗장을 열 수가 없었다. 까치발을 해도 손이 닿지 않아 바둥거리다 결국 포기했다. 쇠붙이 자물쇠가 황소 불알처럼 축 늘어진 할아버지의 반닫이 궤는 열 수가 없었다. 누구나 말할 수 없는 사연 하나쯤은 가슴에 재워 두고 빗장을 건 채 살아간다.

무섭다. 미친 듯이 번져가는 불길이. 이 산 저 산을 넘나들며 거침없이 나아가더니 마침내 민가를 덮친다. 영문도 모르고 날아드는 유탄에 절명하듯 대대로 내려오던 삶의 보금자리를 하루아침에 잃고 절규하는 모습이 자주 등장한다. 누군가는 불을 내고 또 다른 사람들은 끄느라 생사를 넘나든다.

며칠째 뉴스의 대부분을 차지한다. 낮에는 연기가 밤에는 불꽃이 토끼몰이하듯 횡대를 이루며 세를 확장한다. 산세가 험하고 소나무가 많은 지역이라 불길이 잡힐 만하면 불어오는 바람을 타고 달아난다. 수많은 인원이 동원되고 헬리콥터가 물을 뿌려대지만 비웃기라도 하듯 건조한 봄바람이 몰아칠 때마다 능선을 타고 넘는다. 축지법을 쓰듯 단숨에 수십 리를 날아가는 화염은 꺼질 듯 비실거리다가도 금세 폭군으로 변한다. 매일 매스컴을 달구는 산불이 누구에게도 말하지 못한 유년 시절의 한 기억을 불러와 마음 한구석이 꺼림칙했다.

귀청을 울리던 매미 소리도 사라진 늦가을이었다. 만산이 단풍으로 물들자 짙은 녹음을 자랑하던 갈참나무는 잽싸게 단단한 열매를 멀리 떠나보냈다. 떨켜에서 떨어져나온 나뭇잎도 바람을 타고 잠시 곡예비행을 하더니 계곡 어딘가로 향하고, 미처 갈 곳을 정하지 못한 마른 낙엽들은 스산한 가을바람에 떠밀려 주검처럼 곳곳에서 나뒹굴었다. 성급한 나무들은 벌써 나목이 되었지만, 싸리나무는 노란 이파리 몇 개를 붙잡고 가을 햇살에 반짝이는 억새꽃을 바라보았다.

가을걷이를 끝낸 소를 몰고 산으로 갔다. 여느 때와 같이 친구들과 어울려 강을 건너고 너럭바위를 지나 산등성이에 올랐다. 바닷바람이 불어오는 동해는 늘 시선을 붙잡았다. 멀리 지나가는 배를 바라보면 어디론가 떠나고 싶은 마음이 저절로 생겼다. 학교에서 배웠던 지구가 둥글다는 것도 여기만 오면 실감이 났다. 작은 점으로 시작된 배가 점차 모습을 드러내다가 다시 반대편으로 사라지는 바다를 보고 있으면 가슴이 후련했다.

친구가 모닥불을 피웠다. 밭이나 논두렁을 태우듯이 불을 지르는 것은 아니었다. 땅을 파고 돌로 경계를 만들어 불이 번지지 못하게 한 다음 낙엽과 삭정이를 놓고 성냥불을 켰다. 간간이 숯불이 보이자 가져온 밤과 고구마를 조심스럽게 불 속에 밀어 넣었다. 먹을 것을 다 먹고 심심해지자 아궁이를 만들고 연도를 만드는 불장난이 시작됐다. 불꽃이 빨려 들어가면 제법 멀리 떨어진 곳에서 연기가 피어오르는 게 재미있어 연도를 계속 늘렸다. 나중에는 끝에다 굴뚝을 만들고 아궁이가 터지도록 나무를 집어넣었다.

그때였다. 굴뚝 근처 잔디밭으로 불티가 날아갔다. 얼른 뛰어가 불을 끄려고 솔가지로 내려치는 순간 바람이 홱 불면서 저만치서 또 붙었다. 뭔가 조짐이 좋지 않아 모두 달려가 솔가지로 끄려고 했지만 역부족이었다. 두드리면 두드릴수록 불씨가 사방으로 튀었다. 대낮이라 잘 보이지도 않았다. 불을 끄느라 정신없이 뛰어다녔지만 걷잡을 수 없이 번져 나갔다.

덜컥 겁이 났다. 자꾸만 불이 번지자 무서웠다. 바람결에 날아간 불티 하나가 그렇게 빠르게 세를 불릴 줄은 몰랐다. 눈에 띄지 않는 곳에 숨어 자신의 위력을 키우는 동안 아이들은 불장난에만 전념하고 있었던 것이었다. 이제는 어찌할 수가 없었다. 누가 먼저랄 것도 없이 각자 소를 몰고 최대한 먼 곳으로 달아났다. 풀을 뜯던 소는 영문도 모르고 회초리에 맞지 않으려고 젖 먹던 힘을 다해 뛰었다. 완전히 벗어났다는 생각이 들 정도로 먼 곳에 가서 뒤를 돌아보니 불길은 공동묘지를 향하고 있었다.

그제야 다급한 징소리도 희미하게 들렸다. 검은 연기를 보고 놀란 동네 어른들이 들판을 가로질러 강을 건너는 모습이 보였다. 추수가 끝난 들판에서 보리를 파종하고 있던 사람들이 제일 먼저 올라왔다. 낫과 괭이를 들고 부리나케 산길을 따라 올라온 어른들은 일사불란하게 불길을 잡았다. 누가 먼저랄 것도 없이 불이 멀리 번지지 못하도록 톱과 낫으로 미리 나무를 잘라내고 갈퀴로 불씨를 파헤쳤다. 기세를 더해가던 불꽃이 점차 힘을 잃어가는 것이 멀리서도 보였다. 불행 중 다행으로 공동묘지가 완충지대 역할을 하는 바람에 크게 번지지는 않았다.

불이 꺼졌다고 끝이 아니었다. 산불 낸 사람을 찾느라 몇 번이나 경찰이 찾아왔다. 지난겨울 아랫집 헛간에서 불이 났을 때도 그랬다. 아궁이에서 퍼낸 재에 남아 있던 불씨가 살아나 순식간에 헛간을 잿더미로 만들자 주인아주머니가 지서에 불려갔다. 불안했다. 경찰 복장만 봐도 겁에 질려 피해 다녔다. 우리는 전혀 모르는 일이라는 말만 되풀이했다. 이장을 찾아가도 별다른 단서를 찾지 못한 경찰은 아이들을 만나 꼬치꼬치 캐묻고 다녔다.

문제는 엉뚱한 곳에서 터졌다. 말을 더듬고 버벅거리는 앞집 형이 근처에서 나무를 했다는 이유로 방화범으로 지목되었다. 먼 발치서 경찰 조사받는 장면을 지켜보는 내내 마음이 불편했다. 아버지에게 이실직고하려고 마음먹었지만 정작 말은 목구멍에 걸렸다. 시름이 깊어가자 잠도 잘 오지 않고 밥맛도 없었다. 며칠 후 이장이 지서에 가서 사건을 종결짓고 왔다는 소문과 함께 물 밑으로 가라앉았다. 그때 이장은 아버지였다. 돌이켜보면 모든 것을 알고 계셨지 싶다. 불안해하는 아들을 보며 모를 리가 없었겠지만 한 번도 묻지 않았다.

빗장은 영원히 밀봉하는 것이 아니다. 밥솥도 눈물을 흘리고 참았던 울음을 터뜨리고 나야 뚜껑을 열 듯이 아무 때나 열지 말라는 것이다. 살다 보면 조금은 참고 기다려야 할 때가 많지만 갈수록 누그러뜨리고 숙성시키려고 하지 않는다. 휴대전화와 컴퓨터, 각종 방송 매체가 기다리는 설렘과 궁금증마저 앗아가자 매사에 감정적이고 즉흥적인 경우가 많다.

세월이 모든 것을 풀고 지운다. 영원할 것 같던 할아버지의 궤도 산불의 흔적도 그날의 주인공도 다 사라졌다. 반닫이는 고물상에 넘어갔고 까맣게 타버린 산은 소나무 숲이 되었고 불을 내고 꼈던 사람들은 다시 올 수 없는 저세상으로 떠났다. 반세기가 넘도록 잠가 두었던 가슴궤의 녹슨 빗장을 이제야 혼자서 풀어본다. 덧없는 일인 줄 뻔히 알면서.

커닝 단상

　근엄한 표정으로 들어선다. 교단에 서기가 무섭게 주의 사항부터 일일이 나열한다. 기 싸움에서 밀리지 않으려고 약간의 공포 분위기도 만든다. 손바닥, 손가락, 호주머니, 책상, 벽면, 가방 등을 확인하고도 마음이 놓이지 않으면 전부 일으켜 세워 자리를 휘저어 놓는다.
　시험지가 어깨를 넘어간다. 시험지를 받자 표정이 다양하게 변한다. 자신감 있게 바로 답을 적기보다 망연자실한 표정으로 멍하니 앉아 있는 모습이 더 많다. 학번과 이름만 쓰고는 모든 것을 포기한 듯 창밖을 내다보는 학생도 보인다. 엉뚱하게 손을 들고 질문 같지도 않은 질문으로 분위기를 흩트려 놓고 감독의 심리상태를 떠보기도 한다. 억양이나 행동에 따라 커닝을 할 것인가 말 것인가를 결정하기 때문에 휘둘리지 않으려고 신경을 곤두세운다.

주로 벽이나 창가의 후미가 관찰 대상이다. 시험지를 받고도 답은 적지 않고 감독의 일거수일투족에 집중하거나 부자연스러운 행동이 눈에 들어오면 자꾸만 그쪽에 눈길이 간다. 불안한 마음이 앞서면 아예 집중적으로 주시하거나 주변을 배회하며 책상 안과 밖은 물론이고 손놀림을 스캐닝한다. 동공의 불안한 떨림이 감지되면 마음을 고쳐먹도록 은근히 압력을 가하기도 한다. 설마 하지만 불안한 마음은 쉽게 떨쳐내지 못한다.

발각되면 일단 잡아뗀다. 증거가 명백해도 한사코 결백을 주장한다. 책상이나 벽에다 미리 적어놓은 것도 처음 본다며 큰소리로 대들기도 한다. 손에 쥐고 있는 물증이 확실한 경우에도 실수로 가지고 있었다며 별의별 변명과 핑계를 댄다. 막다른 골목에 내몰린 생쥐가 고양이에게 달려들 듯 고성이 오가고 막말까지 할 때도 있다. 적반하장도 유분수다. 어설프게 설전을 벌이다간 순식간에 난장판이 된다.

적발해도 문제다. 학칙을 적용하면 간단하지만 그렇게 할 수 없을 때가 많다. 어찌나 학칙이 엄격한지 최소한 한 학기는 더 다녀야 한다. 사전에 방지하지 못하면 사태가 복잡해진다. 도저히 빠져나갈 수 없다고 판단되면 갑자기 어려운 가정 형편을 들먹이며 읍소작전을 펴거나, 다음 날부터 등교하지 않고 연락을 끊는다. 전자는 반성문을 받고 적절하게 벌을 주면 되지만 후자는 참으로 난감하다. 이럴 때마다 늘 딜레마에 빠진다.

몇 해 전이었다. 커닝을 적발했다며 연구실을 찾아왔다. 적발한 교수는 무조건 학칙대로 처리해야 한다면서 증거 자료를 내놓았다. 이미 한바탕 설전을 벌였는지 거친 말투와 분노에 찬 눈에는 힘이 잔뜩 들어가 있었다. 얼마나 열을 받았는지 말을 버벅대기까지 했다. 가만히 들어보니 요지는 간단했다. 부정행위를 적발했는데도 잡아떼더라는 것이었다.

보통 문제가 아니었다. 우선 교수가 말한 내용을 학생에게 확인했다. 종이는 호주머니에 있었지만 공부하다 넣어둔 것이라고 항변한다. 평소에 결석도 없고 착실한 학생이라 참 난처했다. 학과 교수들은 학과장이 알아서 처리하는 게 좋겠다고 슬쩍 미뤄버린다. 담당 교수를 불러 반성문을 받고 재시험을 치면 어떻겠냐고 했더니 난색을 보인다. 다시는 그런 일이 발생하지 않도록 조치하겠다고 해도 영 떨떠름한 표정이다.

노교수님의 말씀이 생각났다. 주경야독하는 야간 학생이 부정행위로 불려왔다. 무단결근까지 해가며 찾아와 커닝하지 않았다고 결백을 주장해도 문전박대했다. 필수과목이라 학점을 취득하지 못하면 바로 유급되던 때였다. 젊은 혈기에 학칙대로 처리했다. 결국, 학생은 학교와 직장을 그만두게 되었다. 그 일이 늘 가슴을 누른다고 했다.

지금은 많이 달라졌다. 이름만 적고 백지를 내면서도 당당하다. 변명을 적어놓거나 다른 사람이 낼 때 잽싸게 끼워내지도 않고, 답을 적지 못하고 백지 내는 것을 부끄럽게 생각하지도 않는다. 담당 교수를 찾아가 제발 졸업만 하게 해달라거나 장학금을 탈 수 있도록 선처를 부탁하는 장면은 사라진 지 오래다. 유급될 수도 있으니 재시험을 치라고 해도 나타나지 않고 학점을 펑크내도 전화 한 통 없다. 학사 경고와 유급생이 급속히 증가해도 별다른 대책이 없다. 어쩌다가 적발되면 누가 뭐라 하지 않아도 스스로 학교를 그만두기도 한다. 오히려 어떻게 하면 졸업시킬 것인가를 교수들이 걱정한다.

모든 것이 풍족한 세상이다. 학령 인구가 급감하면서 진학의 문이 넓어지고 장학금도 빠르게 늘어났다. 공부를 열심히 하든 안 하든 대부분 국가장학금 혜택을 받는다. 마음만 먹으면 아르바이트 자리는 지천으로 널려 있고 졸업해도 어지간한 직장은 거들떠보지도 않는다. 중소기업에는 지원자가 없어 난리고 대기업은 채용 대기자가 많아서 애를 먹는다. 모두가 근무 조건이 좋고 급여가 높은 곳만 바라본다. 아무리 계단을 밟고 차근차근 올라

가라 해도 소귀에 경 읽기다. 일하지 않아도 열거하기조차 힘든 별별 수당을 국가가 지급하다 보니 취업과 성적에는 아예 관심이 없다.

이제는 커닝도 옛말이 되어간다. 공학 계산기나 필기구는 고사하고 교과서도 없이 학교에 오는 학생은 시험 자체에도 관심이 없다. 책을 펴 놓고 시험을 봐도 어디에 답이 있는지를 몰라 앉아만 있다. 한 사람이 나가면 레밍처럼 줄지어 따라간다. 보무도 당당한 뒷모습을 보고 있으면 화가 나기는커녕 자식 바라지에 고생하는 부모 얼굴이 먼저 떠오른다. 안타까운 마음에 신문을 보는 척하거나 창밖만 내다보며 한 문제라도 풀기를 바라지만, 괜한 헛수고일 때가 많다. 정답에 가까운 힌트를 줘도 두 눈만 멀뚱거릴 뿐 반응이 없다. 갖은 처방을 다 내놓아도 백약이 무효다.

과잉보호와 풍요로움 때문이다. 부족함이 없으니 굳이 노력하려고 하지 않는다. 궁금한 것도 없고 물어볼 것도 없다고 한다. 친구도 관심 없고 교수 이름도 모르고 수업에 흥미도 없으면서 자리만 채우는 학생이 늘어만 간다. 그래도 계절 불문하고 아이스커피는 신주 모시듯 들고 다닌다.

석연石硯

　묵지墨池가 서서히 차오른다. 생멸을 반복하는 윤회의 원을 그릴 때마다 속세의 번뇌와 고통이 연마되어 검은 물이 된다. 타고 남은 연기가 뭉쳐진 먹이 형체를 버리고 다시 물과 바람으로 돌아간다. 소신공양하듯 자신을 내려놓은 육신을 받아주는 돌벼루를 바라보면 한 얼굴이 환영처럼 나타난다.
　고등학교 졸업식 날이었다. 한동네에서 나고 자란 친구가 비단 보따리를 들고 나타났다. 묵직해 보이는 것만 봐도 책이나 먹거리는 아닌 것 같았다. 순간적으로 여러 가지를 떠올렸지만, 답을 찾을 수가 없었다. 단단히 묶여 있는 보퉁이를 별생각 없이 건네받으려다 깜짝 놀랐다. 어찌나 무거운지 소리 지르며 떨어뜨릴

뻔했다. 무거운 선물을 들고 당황해하는 모습을 지켜보던 친구는 빙긋이 웃기만 했다.

홀쳐맨 보자기를 풀었다. 조심스럽게 고를 풀자 똬리 튼 검은 용龍이 금방이라도 승천할 것처럼 두 눈을 부라리며 꿈틀거리고 있었다. 천년을 다 채우고 막 하늘로 치솟을 것 같은 역동적인 모습이었다. 순간적으로 멈칫하며 손을 놓았다. 생동감 넘치는 비늘, 철사 같은 긴 수염, 불을 뿜을 것처럼 쩍 벌린 입, 날카로운 발톱을 한참 동안 들여다보았다. 손만 닿으면 바로 구름 속으로 날아갈 것처럼 완벽한 자세를 취하고 있어 섣불리 만질 수가 없었다.

보령 남포벼루였다. 먹이 곱게 갈리고 찌꺼기가 생기지 않는다는 명품이었다. 돌벼루는 문방사우 중에서도 강함과 우직함으로 선비의 뜻을 오래도록 지켜준다. 적절한 경도와 밀도를 갖춘 견고한 사암은 먹물이 오래 고여 있고 조각도 쉽지만, 층이나 눈과 같은 결함이 없는 원석은 구하기 어렵다. 아무리 색상이 아름다워도 화강암처럼 너무 경도가 높으면 먹이 잘 갈리지 않고 지나치게 무르면 먹물이 빨리 말라 좋은 묵해墨海가 되지 못한다. 지금도 먹을 갈 때는 끈적거리지 않고 모아둔 묵즙이 열흘 이상 마르지 않아야 일품으로 친다.

돌만 좋다고 명품은 아니다. 장인의 혼이 담기지 않으면 걸작이 될 수가 없다. 사상과 문화가 들어 있는 문양과 모양을 조각하는 일은 아무나 할 수가 없다. 대략적인 형상은 기계톱과 같은 장비를 사용하지만 세밀한 부분은 지금도 끌이나 조각칼로 새긴다. 학이나 거북과 같은 장수 동물은 물론이고 선비의 기개를 상징하는 사군자나 다산을 기원하는 포도를 새겨 넣는 일은 장인만이 할 수가 있다. 어깨에 박인 석공의 굳은살에 체중을 싣고 밀지 않으면 조각칼은 꿈쩍도 하지 않는다. 결을 따라 들숨과 날숨을 조절하며 돌을 깎는 장인의 땀방울이 칼끝의 마찰을 줄여주고 열을 식혀준다. 적절한 비율로 연당과 연지를 만들고 윤이 반질거리도록 밀랍을 바르는 작업을 반복한다.

  친구는 아래윗집에 사는 죽마고우였다. 한동네서 나고 자라서 그런지 꿈과 이상은 물론이고 좋아하는 과목도 유사했다. 유년 시절부터 주변에 산재한 고분군의 도굴을 지켜보며 유난히 역사에 관심이 많았고 궤짝 속에 가득한 고서적을 접하면서 옥편을 가까이했다. 학교를 오갈 때는 신문과 방송에서 보고들은 내용을 끊임없이 되새김질하고 밤하늘에 사선을 그리는 유성을 바라보며 별자리를 확인하기도 했다. 옆에 있으면 든든하고 없으면 뭔가 허전했다. 하지만 그런 시간은 잠시였다. 중학교를 졸업하면서 서로 다른 길을 가야만 했다.

  졸업을 한참 앞두고 취업이 확정됐다. 노랗게 물든 은행잎이 작은 바람에도 달개처럼 반짝거리는 어느 초가을날 집을 나섰다. 친구는 옷 가방을 대신 들고 시내까지 따라왔다. 가을바람에 흩날리는 공업탑 분수대를 덧없이 바라보고 허허벌판에 우뚝 선 시청 울타리에 남아 있는 빨간 장미를 배경으로 사진도 찍었다. 예비고사를 며칠 앞둔 수험생이었지만 끝까지 따라와 시간을 함께 했다. 마치 입대하는 벗을 배웅하듯 버스가 출발하고도 한동안 그 자리에 서 있었다.

조금 떨어진 곳에 모교가 있었지만, 일부러 외면하고 돌아갔다. 정문 담벼락에 붙은 거대한 주물, 활비비처럼 몸을 꼬며 하늘을 향한 콘크리트 탑을 장식하는 황동 글자, 의장대처럼 중앙로 길가에 서 있는 가드레일 등을 용접했던 일이 생각날 것만 같았다. 한여름 내내 밤낮없이 쇠를 녹이고 붙였던 힘들었던 일들은 지워버리고 싶었다. 어쩌면 평생 쇳물과 씨름하며 살아야 할지도 모른다는 생각이 들 때마다 벗어나야 한다는 생각으로 몸서리쳤다. 스스로 채운 족쇄를 풀 때까지는 찾고 싶지 않았다.

벼루를 보물처럼 간직했다. 쫓기듯 삶에 허덕이면서도 벼루만큼은 비단으로 덧싸서 보관했다. 보자기를 풀면 선비가 되겠다던 꿈과 함께 눈을 부라리던 용이 날아갈 것만 같았다. 이사할 때도 신주 모시듯 별도로 들고 갔다. 누군가가 만지다가 떨어뜨리기라도 하면 희망도 박살날 것만 같아 남의 손에 맡길 수가 없었다.

영원히 보관할 수만은 없어 정년퇴직을 앞두고 삶의 고를 풀 듯 조심스럽게 보자기를 푼다. 반세기 가까이 묶어 두었던 돌벼루를 이제 놓아주려고 한다.

벼루는 작지만, 그 뜻은 광대하다. 고려의 명문장가 이규보는 비록 한 치도 안 되는 작은 웅덩이지만 무궁한 뜻을 쓰게 한다고 했다. 연당에 담긴 먹물은 누가 어떻게 사용하는가에 따라 사람을 울게 하고 웃게 한다. 먹물이 진하다고 좋은 글이 되지 않듯이 먹물깨나 먹었다고 훌륭한 사람이 되는 것도 아니다. 때로는 갈필이 습필보다 훨씬 힘찬 그림과 글씨를 만든다. 묵해는 자신의 견해보다 누군가의 심중을 표현하고 생각을 전파하는 메신저 역할을 한다.

묵즙이 또 흘러든다. 깊이를 알 수 없는 연지가 가득 차자 끝없이 원을 그리며 육신을 보시하던 먹도 한숨을 돌린다. 배 지난 자리처럼 일렁이던 파문도 흔적을 지운다. 가슴에 품었던 글과 그림이 잔잔한 먹물 위에 모습을 드러낸다.

퇴근

세상이 다시 어둠 속에 잠긴다. 장엄한 철새 떼의 군무도 저녁노을을 따라 무대 뒤로 사라진다. 하루에 지친 사람들이 골목길을 어슴푸레 지나간다. 누름돌로 누르는 중압감과 팽팽한 긴장감이 감도는 공간을 벗어났다는 것만으로도 발걸음이 가볍다. 정신없이 에너지를 토해낸 찌든 육신을 이끌고 자신만의 둥지를 찾아간다.

상사의 눈치를 살폈다. 퇴근 시간이 돼도 쉽게 나갈 수가 없었다. 사규에는 정확히 명문화되어 있지만, 그저 지침에 불과했다. 중요한 약속이라도 있는 날이면 상사의 일거수일투족을 지켜보며 가슴을 졸였다. 가능하면 눈길도 마주치지 않으려고 애써 외면했다. 있는 듯 없는 듯 주변을 살피다가 바람처럼 슬쩍 빠져나갔다. 혹시라도 역풍이 불까 봐 문을 나서자마자 뛰다시피 시야를 벗어났다.

그룹기획실에 근무할 때였다. 그다지 크지 않은 사무실이라 늘 조용했다. 여직원의 타자기 소리가 없으면 절간의 정적이 흘렀다. 이어지는 고요를 깨트릴 것 같아 마른기침도 마음 놓고 할 수가 없었다. 전화를 받을 때는 더했다. 사적인 전화일 때는 미어캣처럼 주변을 살피며 옹알이하듯 조심스럽게 받았다. 통화가 길어지거나 조금만 목소리가 올라가도 뒷자리 어디에선가 죽비 같은 경고성 헛기침 소리가 들렸다.

신입사원일 때는 맨 앞줄에 앉았다. 무심코 고개를 들면 벽시계만 보였다. 종일토록 면벽하다 보니 마치 수도승이 된 것 같았다. 겹겹이 앉아 있는 상사들 때문에 뒤통수가 근질거려도 쉽게 고개를 돌리지 못했다. 간혹 쥐가 날 정도로 온몸이 뻐근해도 뭔가에 골몰하는 듯한 자세를 유지했다. 딱히 주어진 일이나 하는 일이 없어도 당당하게 윗도리를 걸치고 사무실을 빠져나가지 못하고 가슴앓이만 했다.

문제는 과음한 다음 날이었다. 오전은 그럭저럭 시간을 보내지만, 오후가 문제였다. 극기 훈련하듯 아무리 애를 써도 나른한 몸은 주체하지 못할 정도로 무너져내렸다. 광란의 밤을 보내지 않아도 밤새워 에너지를 쏟아 내고 나면 후유증은 생각보다 컸다. 어찌나 눈꺼풀이 무거운지 천근만근이나 되는 것 같았다. 연달아 블랙커피를 마시거나 화장실을 들락거리며 세수를 해도 별 효과가 없었다. 자리에만 앉으면 온몸이 물먹은 솜처럼 가라앉았다. 시선을 피하려고 현장을 돌며 서성대도 정신이 혼미하고 다리가 풀려 시간이 안 가기는 마찬가지였다.

철강회사에 다닐 때는 더했다. 사무실을 벗어나도 헌병 같은 경비들이 철옹성처럼 정문을 지키고 있었다. 많은 인원이 들락거리는 교대 시간이면 그들의 세상이었다. 근무를 마친 사람들의 가방을 검사하는 것도 모자라 괜히 호루라기를 불어대며 부산을 떨었다. 눈이 보이지 않을 정도로 모자를 눌러 쓴 모습을 보면 논산 훈련소 유격 조교가 생각났다. 정문 근처만 오면 죄가 없어도 주눅이 들었다. 버스를 막고 있던 차단막만 통과해도 공기가 다르게 느껴졌다.

당시 샐러리맨들의 퇴근은 대중없었다. 연구소 같은 부서는 대체로 자유롭지만, 현장을 관리하는 부서는 다르다. 쉬지 않고 돌아가는 기계 덕분에 귀가 시간만 다가오면 본능적으로 눈치 게임이 시작된다. 시선은 언제나 뒷자리로 쏠린다. 최대한 더듬이를 세우고 잠망경 같은 눈동자를 굴리며 공기의 흐름부터 감지한다. 벽에 붙은 시계의 분침이 정점에 가까워지면 오감을 동원하고도 모자라 주변 반사체까지 활용하게 된다. 완전한 분석이 끝나기 전에는 책상에 널브러진 서류도 그대로 펼쳐둔다. 이때는 감각적이고 경험적인 판단이 중요하다. 안정권에 들었다 싶으면 마파람에 게눈 감추듯 잽싸게 서류를 치우고 무리에 휩쓸려 빠져나가야 했다.

대학은 달랐다. 우선 출퇴근 시간이 자유롭다. 누가 퇴근하자고 하지도 않고 몇 시에 가느냐고 묻지도 않는다. 감시하는 사람이 없어 숨죽이며 눈치 볼 필요도 없고 낮은 목소리로 전화를 받을 일도 없다. 복장도 자유롭고 머리 아픈 회의도 많지 않다. 밤을 새우다시피 하는 사람도 있지만 해가 중천에 떴는데도 연구실 문이 잠겨 있는 곳도 있다. 대부분 옆 사람이 뭘 하는지도 관심이 없고 자기만의 시계를 돌리며 바람처럼 나타났다가 홀연히 사라진다. 강의만 충실하면 누구의 간섭도 받지 않는다.

교수는 주로 독방 생활을 한다. 시간이 갈수록 어울리고 부대끼며 살아가는 방법을 잊어간다. 그러다 외골수가 되면 누가 조금만 끼어들어도 도전으로 생각하고 참지 못한다. 이해하고 받아들이기보다는 꼬투리를 잡고 흔들어야 자신이 돋보인다는 듯 착각하기도 한다. 연구한답시고 온갖 자료를 어지럽게 흩어놓고 엉뚱한 생각만 하는 자도 있고 이미 용도 폐기된 쓸모없는 지식을 끝없이 우려먹는 경우도 많다. 어떤 때는 염불에는 마음이 없고 잿밥에만 관심이 있는 속승처럼 본분을 망각하고 엉뚱한 생각을 하기도 한다. 그래도 강의만 끝나면 집으로 향한다.

퇴근 때는 생기가 돈다. 우선 해방된다는 생각에 걸음새와 목소리가 가뿐하다. 사람이 많은 공장이나 상가가 아닌 논밭이라도 다르지 않다. 하루 일을 마치고 돌아갈 곳이 있고 만나고 싶은 가족이 있으면 훨씬 가볍다. 지친 심신을 달래줄 친구가 기다리고 있어도 발걸음이 빨라진다. 설사 기다리는 친구나 가족이 없어도 자신만의 둥지는 마음대로 숨을 쉴 수 있는 공간이라 마음이 편하다. 지금도 시간이 되면 몸이 먼저 문을 나선다.

잠시 왔다 떠나가는 인생도 마찬가지다. 누가 말하지 않아도 역할이 끝나면 조용히 퇴근한다. 때가 되면 둥지를 찾는 새들처럼 마지막 가는 곳은 정해져 있다. 그럴 줄 알면서도 권력과 명예와 부를 쌓으려고 무리수를 남발하다 폭망하는 소리가 곳곳에서 들린다. 지나고 보면 부질없는 일이란 것을 알게 될 텐데 기를 쓰고 욕망의 덫줄에 매달린다.

이제 퇴근을 준비한다. 스스로 조이고 갈구하던 삶을 점차 벗어 놓는다. 믿었던 돌다리가 무너져 물에 빠진다 해도 어쩔 수가 없다. 세상 모든 것은 출퇴근하듯 오면 가야 하니까. 불씨를 눌러 두었던 불돌로 뭉쳐진 심신을 조금씩 치유하려고 한다. 곪은 상처가 깊고 커지기 전에.

액땜

자전거 한 대가 앞 타이어를 들이받고 넘어졌다. 터널로 들어가는 건널목 앞에 차를 세웠다가 살짝 움직이는 순간 자전거가 달려와 부딪쳤다. 잽싸게 문을 열고 보니 넘어졌던 학생이 일어나고 있었다. 빠르게 아래위를 훑어보며 괜찮으냐고 물었더니 아무렇지 않다며 서둘러 가려고 했다. 혹시나 해서 전화번호를 알려주는데 교통경찰이 다가왔다. 차를 옆으로 비켜 세우라면서 학생 부모와 한동안 통화하더니 미성년자라 정식으로 접수하라고 한다.

경찰서로 갔다. 휴일이지만 조사관이 사무실을 지키고 있었다. 침침한 조명 밑에서 경찰이 시키는 대로 진술서를 쓰고 음주 측 정도 했다. 블랙박스 동영상을 확인하며 진술서와 대조하더니 학생이 작성한 진술 내용도 꼼꼼하게 살폈다. 이때 학생의 어머니가 도착했다. 모든 자료와 동영상을 휴대전화에 담아도 좋으냐고 묻는다. 괜찮다고 했다. 밖에 나가 부딪친 자동차와 자전거를 확인하고 오더니 처음보다 많이 누그러졌다. 어찌 되었건 자동차가 가해자니 모든 책임을 지겠다고 했더니 바로 돌아갔다.

조사관은 자동차 보험회사 직원을 부르라고 한다. 지금 사고 접수를 하는 게 좋다고 했지만, 회사는 물론 긴급전화번호도 생각나지 않는다. 겉으로 태연한 척해도 얼마나 긴장했는지 글자도 헝클어지고 사인도 몇 군데나 빠져 있다. 엉겁결에 보험회사를 말하자 대신 전화를 걸어 주었다. 빈 사무실에서 하릴없이 한참을 기다리다 급히 도착한 직원에게 같은 내용을 반복 설명했더니 진이 빠진다. 그제야 돌아가도 좋다고 한다. 부주의했던 자신을 자책하며 운전대를 잡자 잔뜩 찌푸렸던 하늘에서 빗방울이 떨어진다.

경찰서를 나서자 유별나게 차가 막힌다. 주말이라 그런지 신호 대기 중인 차들이 꿈쩍도 하지 않는다. 멍하니 앞만 바라보다 보니 대각선 방향에 정차한 수입차가 칠흑 같은 유리를 조용히 내린다. 갑자기 담배 연기와 함께 꽁초 하나가 튕겨 나온다. 유리가 조금 더 내려가자 창밖으로 나온 손이 무엇인가를 자꾸 버린다.

보고 있자니 마음이 영 불편하다. 경적이라도 울려 볼까 하다가 참는다. 그때 머리가 쑥 나와 가래침을 힘차게 내뱉고는 잽싸게 유리를 올린다.

신호가 바뀌자마자 거의 직각으로 소형차 하나가 끼어든다. 방향지시등도 켜지 않고 갑자기 쑥 들어오는 바람에 깜짝 놀랐다. 본능적으로 급브레이크를 밟으며 경적을 울렸지만, 아무렇지도 않다는 듯이 오히려 턱밑에서 꾸물댄다. 비상등이 깜박거리기를 기다렸지만, 전혀 그럴 기색이 없다. 도대체 어떤 사람이 운전하는지 확인하고 싶어도 볼 수가 없었다. 차선을 바꿔 앞으로 끼어 들어 볼까 싶었지만, 꾹 참았다.

도시고속도로에 들어서자 스포츠카 한 대가 갈지자를 그린다. 틈이 없어도 억지로 차머리를 들이민다. 일명 칼치기다. 비켜주기 싫어도 어찌나 과감하게 밀고 들어오는지 피하지 않을 수가 없다. 간담을 서늘하게 해놓고는 바로 다른 차선을 탄다. 그것도 모자라 앞차 꽁무니에 바짝 갖다 붙이고 불을 번쩍거리며 비키라고 재촉도 한다. 폭주와 끼어들기를 반복하며 운전자들을 혼란스럽고 불안하게 한다.

대형버스도 큰 덩치로 밀어붙인다. 유연한 조향장치로 머리를 들이박다시피 밀고 들어온다. 어떤 강심장도 물러설 수밖에 없다. 경적을 울려도 들은 척도 하지 않는다. 아무리 못마땅해도 비킬 수밖에 없다. 대형 덤프트럭은 더하다. 차폭이 넓어 나란히 갈 수도 없다. 근처만 와도 겁부터 난다. 흙탕물을 질질 흘리거나 좁쌀 같은 모래나 자갈을 흩뿌리면 할 수 없이 거리를 두거나 피하고 본다. 문명의 이기가 때로는 흉기가 되어 인간을 위협한다.

오래전 일이다. 선배 교수 부부가 여행을 다녀오다 참변을 당했다. 한적한 시골길에서 당한 사고였다. 덤프트럭이 중앙선을 넘어와 승용차를 덮치는 바람에 그 자리에서 모두 희생되었다. 당시에는 블랙박스가 없고 한갓진 곳이라 별도의 증인이나 증거가 없었다. 한참 뒤에 전해 들었지만, 오직 가해자인 덤프트럭 운전사의 진술에 따라 판결이 났다고 했다. 한동안 덤프트럭에 놀랄 때마다 환하게 웃던 선배의 얼굴이 생각났다.

길 위의 무법자도 많다. 외형을 마음대로 개조하는 것도 모자라 폭발음을 일으키며 내달린다. 무심코 가다가 갑자기 터져 나오는 자동차 소음에 질겁한 적도 많다. 유선형 스포츠카가 뱀처럼 갈지자로 달리면 보는 것만으로도 가슴을 졸이는데 일부러 노킹까지 일으키면 깜짝깜짝 놀란다. 경찰은 뭐하고 저런 차를 잡지 않나 싶은 생각이 든다. 아예 소음기를 개조해 엔진의 폭발음을 줄이지 않고 그대로 뱉어대는 차를 만나면 고발이라도 하고 싶어진다.

운전이 서툴수록 고급 차를 타라는 말이 있다. 누구나 알 수 있는 비싼 차는 운전이 다소 서툴러도 다른 차들이 피해간다. 성능이 뛰어난 점도 있지만, 차들이 주변에서 걸리적거리지 않기 때문이다. 주행이 서툴러도 함부로 다가오지 않고 방향지시등만 켜도 버스든 대형차든 알아서 비켜준다. 신경 쓰이는 차선변경도 아무런 문제가 없다. 혹시나 사고 날까 봐 주변 차들이 더 긴장한다. 어쩌다가 접촉사고라도 나는 날이면 차를 팔아도 수리비를 감당할 수 없기 때문이다.

살다 보면 예기치 못한 일들이 수시로 일어난다. 단순한 해프닝으로 끝날 때도 있지만 지울 수 없는 상처로 남을 때도 있다. 마음을 다스려야 할 때마다 액땜했다고 생각한다. 앞으로 닥쳐올 더 큰 고난을 무사히 넘겼다고 생각하면 끓어오르던 마음이 조금은 편해진다. 애써 외면해도 완전히 숨길 수는 없다. 별것 아니라고 몇 번이나 달래고 다독여도 쉽게 떨쳐내지 못한다. 언제나 그물을 벗어나는 바람처럼 마음대로 털어내고 비울 수 있을지.

오늘도 지하 주차장에서 시동을 걸며 하루를 시작한다.

한마디 하고 싶어도 참는다

　어둠이 서성대는 강변을 걷는다. 깊은 사색에 잠길 때면 고인 물에 신발이 젖거나 돌부리를 걷어차기도 한다. 뜬금없는 발소리에 놀라 일시에 날아오르는 갈대숲 텃새들의 날갯짓에도 발길은 분주하다. 밤새 강변을 지키던 가로등 불빛이 희끄무레해지면 검은 산등성이에 걸렸던 여명이 강변에 내린다.
　산책길에 접어들기도 전에 유행가 소리가 들린다. 대형 스피커가 토해내는 소음 같은 노래가 바람을 타고 달려든다. 가사를 알 수 없는 랩이 섞인 빠른 노래가 귀청을 찢듯 들려온다. 빠르게 보폭을 늘리고 이어폰으로 귀를 막아 보지만 피할 수가 없다. 마스크로 얼굴을 가릴 정도로 엄중한 시기지만 치외법권 지역이라도 되는지 수십 명이 어둠 속에서 집단으로 율동을 한다. 뭔가 한마디 하고 싶어 빠르게 다가갔지만, 에어로빅 삼매경에 빠진 사람들의 막강한 위세에 눌려 바로 주눅이 든다. 괜히 긁어 부스럼 만드는 것 같아 가만히 지나간다.

개를 데리고 나온 사람들도 마찬가지다. 법규를 지키는 사람은 드물다. 목줄이 너무 길거나 여러 마리를 데리고 다니는 사람도 있고 아예 풀어 놓고 걷는 사람도 있다. 세 마리를 데리고 나온 젊은 여자는 개들이 산책로를 마구 휘젓고 다녀도 아무렇지 않다는 듯 앞만 보고 걷는다. 오가는 사람이 인상 쓰며 눈치를 줘도 전혀 신경 쓰지 않는다. 배가 나온 중년 남자는 매서운 눈빛을 자랑하는 제법 큰 맹견을 입도 막지 않은 채 당당하게 걸어간다. 한마디 할까 말까 망설이다 덩치 큰 개보다 술이 덜 깬 듯한 견주의 눈빛에 압도당해 못 본 척 지나친다.

더 할 때도 있다. 검은 매연을 내뿜으며 질주하는 오토바이다. 곳곳에 경고문이 붙어 있어도 소용이 없다. 인도로 다니면 안 된다는 표시가 길바닥에 있어도 뭉개고 지나다닌다. 낡을 대로 낡은 오토바이는 불완전 연소의 매캐한 배기가스를 보란 듯이 내뿜고 심한 소음을 날리며 내달린다. 외길을 걷는 사람들은 매연을 마시며 가만히 뒤를 따라간다. 작심하고 한마디 하려고 해도 스치듯 빠르게 지나가는 바람에 마스크도 벗지 못하고 혼잣말로만 투덜거린다.

　자전거도 마찬가지다. 전시장을 방불케 하는 희한한 자전거 모양만큼이나 타는 사람들의 행태도 다양하다. 우선 지나치게 **빠른** 속도나 밝은 조명으로 보행자를 위협하는 경우다. 어찌나 **빠른지** 겁을 먹거나 눈이 부셔 제대로 걸을 수가 없다. 순간적으로 마주치면 한동안 아무것도 보이지 않을 때도 있다. 무리를 지어 다니며 산책로를 위협하기도 한다. 자전거 도로가 엄연히 있는데도 불구하고 굳이 보행자 전용인 녹색 우레탄 도로를 침범하거나 곡예를 하듯 분리선 화강암을 타고 지나간다. 무시당한 것 같아 막아서고 싶지만, 헤드라이트 불빛에 눈도 제대로 뜨지 못하고 땅만 째려보다가 또 물러선다.

　보행자들도 다르지는 않다. 산책길을 전세 낸 것처럼 자전거 도로까지 횡대로 걸어가거나 무리를 지어 다니는 사람들이다. 자동차도 주행선이 있고 추월선이 있듯이 좌측은 비워두어야 하지만 자꾸만 앞을 막는다. 앞질러 가려고 이쪽저쪽을 기웃거리고 기침 소리를 내도 못 들은 체 열심히 떠들어댄다. 지나가겠다고 양해를 구하면 언짢은 듯 빤히 쳐다보는 사람도 있다. 그럴 때마다 오히려 죄를 지은 사람처럼 **빠른** 걸음으로 뛰다시피 걷는다. 속이 부글거려도 말 한마디 못 하고 빠르게 몸을 움직인다.

　살다 보면 이 정도는 약과다. 날마다 매스컴을 통해 쏟아지는 되는지 수십 명이 어둠 속에서 집단으로 율동을 한다. 뭔가 한마디 하고 싶어 빠르게 다가갔지만, 에어로빅 삼매경에 빠진 사람들의 막강한 위세에 눌려 바로 주눅이 든다. 괜히 긁어 부스럼 만드는 것 같아 가만히 지나간다.

개를 데리고 나온 사람들도 마찬가지다. 법규를 지키는 사람은 드물다. 목줄이 너무 길거나 여러 마리를 데리고 다니는 사람도 있고 아예 풀어 놓고 걷는 사람도 있다. 세 마리를 데리고 나온 젊은 여자는 개들이 산책로를 마구 휘젓고 다녀도 아무렇지 않다는 듯 앞만 보고 걷는다. 오가는 사람이 인상 쓰며 눈치를 줘도 전혀 신경 쓰지 않는다. 배가 나온 중년 남자는 매서운 눈빛을 자랑하는 제법 큰 맹견을 입도 막지 않은 채 당당하게 걸어간다. 한마디 할까 말까 망설이다 덩치 큰 개보다 술이 덜 깬 듯한 견주의 눈빛에 압도당해 못 본 척 지나친다.

더 할 때도 있다. 검은 매연을 내뿜으며 질주하는 오토바이다. 곳곳에 경고문이 붙어 있어도 소용이 없다. 인도로 다니면 안 된다는 표시가 길바닥에 있어도 뭉개고 지나다닌다. 낡을 대로 낡은 오토바이는 불완전 연소의 매캐한 배기가스를 보란 듯이 내뿜고 심한 소음을 날리며 내달린다. 외길을 걷는 사람들은 매연을 마시며 가만히 뒤를 따라간다. 작심하고 한마디 하려고 해도 스치듯 빠르게 지나가는 바람에 마스크도 벗지 못하고 혼잣말로만 투덜거린다.

　자전거도 마찬가지다. 전시장을 방불케 하는 희한한 자전거 모양만큼이나 타는 사람들의 행태도 다양하다. 우선 지나치게 빠른 속도나 밝은 조명으로 보행자를 위협하는 경우다. 어찌나 빠른지 겁을 먹거나 눈이 부셔 제대로 걸을 수가 없다. 순간적으로 마주치면 한동안 아무것도 보이지 않을 때도 있다. 무리를 지어 다니며 산책로를 위협하기도 한다. 자전거 도로가 엄연히 있는데도 불구하고 굳이 보행자 전용인 녹색 우레탄 도로를 침범하거나 곡예를 하듯 분리선 화강암을 타고 지나간다. 무시당한 것 같아 막아서고 싶지만, 헤드라이트 불빛에 눈도 제대로 뜨지 못하고 땅만 째려보다가 또 물러선다.

　보행자들도 다르지는 않다. 산책길을 전세 낸 것처럼 자전거 도로까지 횡대로 걸어가거나 무리를 지어 다니는 사람들이다. 자동차도 주행선이 있고 추월선이 있듯이 좌측은 비워두어야 하지만 자꾸만 앞을 막는다. 앞질러 가려고 이쪽저쪽을 기웃거리고 기침 소리를 내도 못 들은 체 열심히 떠들어댄다. 지나가겠다고 양해를 구하면 언짢은 듯 빤히 쳐다보는 사람도 있다. 그럴 때마다 오히려 죄를 지은 사람처럼 빠른 걸음으로 뛰다시피 걷는다. 속이 부글거려도 말 한마디 못 하고 빠르게 몸을 움직인다.

　살다 보면 이 정도는 약과다. 날마다 매스컴을 통해 쏟아지는 사건 사고 때문에 우울한 날도 있고, 세상이 무너질 것처럼 무질서하고 급박하게 돌아간다는 느낌이 들 때도 있다. 진취적이고 교훈적인 미담은 찾아보기 힘들고 어둡고 무거운 소식만 가득하다. 신문 기사나 방송 제목은 갈수록 더 자극적으로 변해가고 편 가르기에 목숨을 거는 사람들이 늘어간다. 세상을 이끈다며 거들먹거리는 사람들일수록 더한 것 같다. 어쩌다 이 지경이 되었을까 싶을 정도다. 가끔 지인들과 술잔의 힘을 빌려 울분을 터뜨리고 흥분하지만, 언제나 깨고 나면 아픈 머리를 만지며 화장실만 자주 들락거린다.

애써 외면하고 잊으려 해도 찜찜하다. 별것 아니라고 몇 번을 다독여도 쉽게 떨쳐내지 못한다. 예가 아니면 보지도 말라[非禮勿視]던 중학교 때 한문 선생님이 하신 말씀을 떠올려보지만, 마음 같지가 않다. 한두 번도 아니고 날마다 반복되다 보니 오감이 무뎌진다. 나이가 들수록 시류에 휩쓸리기도 어렵다.

세상이 아무리 시끄럽고 험해도 새벽이면 뭇사람들이 강변을 걷는다. 나도 그냥 따라간다.

제3장

검은 꽃

검은 꽃

역류

충복의 변

농막, 노을에 젖다

초보 고수

가지치기

강물의 노래

매질

과외 선생님

힘 빼기

검은 꽃

무쇠솥 하나가 검은 녹을 뒤집어썼다. 마치 수의처럼 육신을 덮고 있다. 염습을 끝낸 주검을 천으로 감싼 듯 어떤 빈틈도 보이지 않는다. 잉걸불보다 더한 열기를 견디느라 소신공양하듯 자신의 육신을 태워 살을 보듬었다. 화려한 색상도 매끄럽고 윤기 나는 감촉도 마다하고 거칠고 투박한 모습으로 당당하게 곧추서 있다.

철은 억겁의 세월을 참고 지냈다. 너도나도 경쟁적으로 바깥으로 나가도 은둔처를 벗어나지 않았다. 면벽 묵언 수행하듯 자세를 낮추고 더욱 몸을 움츠렸다. 두문동에 잠적한 여말 신하들처럼 누구도 찾을 수 없는 깊은 곳에서 숨소리마저 죽였다. 하지만 세상 사람들은 밀정같이 촉 좋은 광부를 앞세우고 구석구석 파고들었다. 깨지고 바스러지고 피 같은 녹물을 내뱉으며 끌려 나온 지도 수십 세기가 지났다.

삼한 땅에는 철을 생산한 흔적이 곳곳에 남아 있다. 야금冶金 기술이 발달한 가야국에서는 국내는 물론 일본과 중국에도 수출했다고도 한다. 수도였던 국립김해박물관뿐만 아니라 함안이나 합천박물관에도 그 흔적이 전시되고 있다. 껍질은 빈틈없이 부풀어 검붉게 변하고 흰 속살은 검게 삭아도 형체만은 그날을 기억하고 있다. 칼과 창, 철제 갑옷과 투구, 정강이와 목가리개, 다양한 형상의 미늘쇠 같은 무기와 도끼와 곡괭이 같은 농기구 등이 눈길을 끌지만, 덩이쇠[鐵鋌]가 발길을 잡는다.

덩이쇠는 가운데가 잘록하고 양끝이 넓다. 이차 가공과 운반이 쉽도록 형상을 단순화하고 지나치게 무겁거나 가볍지 않게 만들었다. 각종 철강 제품을 제작하는 소재로 대부분 중간 과정을 거친다. 지금도 용광로에서 철광석을 녹여 뽑아낸 선철 덩이를 제강이나 제철 공장에 보낸다. 최초로 만들어진 선철은 불순물이 많고 대량 생산이라 소품종 대량 생산에는 적합해도 소량 다품목을 생산하는 공장에서는 대형 강괴鋼塊를 사용한다.

유년 시절, 뒷산에서 유물이 쏟아졌다. 원삼국시대부터 삼국시대에 이르는 분묘가 많은 문중 산에는 봄철부터 도굴꾼들이 몰려들었다. 가난한 동네 어른들은 외지 사람이 숨어들어 도굴하든 말든 흙만 덮어 놓고 가면 무관심하게 지나쳤다. 열 살 때였다. 궁금증을 참지 못하고 멀찌감치 떨어져 도굴꾼을 따라갔다. 도래솔 밑에 당도하자 사방을 두리번거리더니 짐을 풀고 굵은 철침을 땅속으로 찔러넣었다. 조심스럽게 이곳저곳을 찔러대다가 어느 지점에서 집중적으로 탐색하더니 호미보다 조금 큰 괭이로 흙을 파기 시작했다. 오줌동이만 한 구멍에 두더지처럼 쏙 들어갔다. 궁금증을 참지 못하고 다가갔더니 비 오듯 땀을 흘리며 뭔가를 밖으로 들어냈다. 처음 보는 토기와 멍게껍질 같이 울퉁불퉁한 도끼와 창이 무더기로 쏟아져 나왔다.

초등학교 수학여행은 경주로 갔다. 논바닥에 방치되고 산 중턱에 버려진 듯한 유적지를 돌다 박물관으로 갔다. 비좁고 낡아서 그런지 전시유물도 많지 않았다. 화려한 금관과 금동불상을 제외하면 눈에 익은 유물들이었다. 철제품은 부식된 모양이나 형상이 얼마 전 뒷산에서 본 것과 착각할 정도로 비슷했다. 왜 저런 모양으로 녹이 슬었는지 궁금했지만 물어보지는 못했다.

매년 수억 톤의 철이 고로에서 쏟아져 나온다. 우리나라에서도 반세기 전 포스코에서 시작된 쇳물이 여태 밤낮 가리지 않고 흘러나온다. 철광석이야 다른 나라에서 수입해도 산업의 필수 소재인 철을 생산하고 가공하는 야금 기술은 이미 최고의 수준을 자랑한다. 분쇄된 돌을 보면 등산하다 본 너덜겅이나 강바닥에 깔린 조약돌과 별반 차이가 없어도 녹여보면 다르다. 용융온도에 도달하면 파쇄된 철광석에서 분리된 오렌지빛 쇳물이 벌꿀처럼 아랫부분에 깔린다.

 용광로는 이별의 장소였다. 정해진 순서에 따라 컨베이어를 타면 저절로 수천 도의 고로에 빨려 들어갔다. 들어가고 싶다고 들어가는 것이 아니듯 싫다고 발버둥 쳐도 소용없다. 홍수는 자연의 형태만 바꾸지만, 불꽃은 태우고 녹여 본질을 바꿔 버렸다. 수십억 년 동안 자신을 지켰던 암석은 거품이 되어 허우적대고 영원히 함께할 것 같았던 동반자는 불꽃 속으로 사라졌다. 무서웠다. 시시각각 더해지는 불기운을 이겨내기에는 역부족이었다. 열기를 머금은 채 주황빛 액체가 되어 미끄럼타듯 탕도湯道를 따라 흘러내렸다.

 열기가 사라지자 순식간에 검게 변했다. 수초 모양으로 생겨난 검은 꽃이 전신을 덮었다. 열기와 부기가 빠져나가고 온전한 형체를 갖추기도 전에 달려들었다. 시간을 두고 서서히 피어나 암세포같이 파고드는 붉은 녹과는 달랐다. 쇳물이 열기를 떨쳐내지 못하고 붉은 기운이 남아도 일시에 딱지처럼 꽃을 피웠다. 뼈와 살을 감싸는 짐승의 가죽이나 나무를 보호하는 껍질이 되어 단단하게 자리 잡았다. 고온에서 고체로 변해버린 검은 산화 피막은 어떤 침입자도 속살을 파고들지 못하게 막아준다. 자신을 불사른 검은 꽃이 더는 부식되지 않도록 산소의 침투를 막는다. 멀쩡한 칼을 벌겋게 달궜다가 물에 식혀 검게 만드는 것도 그 때문이다.

주검 같은 검은 녹도 한시적이다. 어떤 두꺼운 갑옷과 튼튼한 방패도 시간이 지나면 낡고 썩어가듯 영원하지는 않다. 세상 어디에도 영원한 것이 없듯이 아무리 강한 피막도 때가 되면 엷어지고 갈라진다. 시간이 이끄는 대로 산화되고 가루가 되어 흩어진다. 어떤 형체도 남김없이 물과 바람이 되어 본래의 모습으로 돌아간다. 거추장스러운 옷을 벗어 던지고 참회하듯 핏물을 쏟으며 자신의 형상마저 내려놓는다. 다시는 욕망으로 가득 찬 인간의 무기나 도구가 되어 죄 없는 사람을 살해하고 밤낮없이 힘겹게 일하지 않는 세상으로 떠난다.

무쇠솥을 바라보다 발길을 옮긴다. 포스코 역사박물관 벽면을 따라 철을 제조하는 과정을 찬찬히 들여다본다. 이제야 국내 최초라는 이름을 달고 서 있는 검붉은 용광로가 보이고 검은 꽃이 전신을 휘감은 철제 솥 뒤에 적힌 글귀도 눈에 들어온다. '자원資源은 유한有限 창의創意는 무한無限'하다는.

역류

가슴이 조여든다. 숨을 쉴 수 없을 정도로 통증이 심하다. 금세라도 맥박이 멎을 것 같아 주먹으로 가슴을 친다. 심장의 단단한 근육이 멈추는가 싶더니 이내 타들어 가는 느낌이 든다. 뜨거운 기운이 식도를 타고 올라오자 전신이 오그라들고 진땀이 난다.

위산이 솟구치자 식은땀이 났다. 심근경색이 아닐까 싶어 병원에 갔다. 별다른 지병이 없던 친척이 자던 잠에 저세상으로 떠났다는 말을 듣고부터 신경이 쓰였다. 심장마비는 나이 불문하고 찾아오는 불청객이라 함부로 입에 담기조차 싫었다. 혼자 고민하다 내과에 갔더니 역류성 식도염 같다며 의사는 대수롭지 않게 말했다. 상투적인 말투로 맵고 짠 음식이나 탄산음료, 커피, 술, 담배 등은 줄이고 끊으라고 하면서 컴퓨터 자판을 빠르게 두드렸다.

자업자득이었다. 유년 시절 폭식과 불규칙한 식습관이 생각났다. 대식구의 밥상머리는 군대같이 엄격한 규율과 위계질서가 분명했다. 조부모님과 아버지, 큰형님을 제외한 예닐곱 명은 둥근 밥상에 둘러앉았다. 양보다 질이 중요한 사각 소반에는 제철 음식이 정갈하게 올랐지만, 둥근 밥상에는 그릇만 봐도 맛보다는 양이 우선이었다. 어디에도 서열은 있었다. 귀한 반찬이 올라와도 함부로 젓가락을 들이밀지는 못했다. 지휘관의 명령에 따라 일제히 공격을 감행하는 병사들처럼 허락이 떨어져야 맛을 볼 수가 있었다. 어영부영하거나 꾸물대다가는 빈 접시만 남을 수도 있어 신속하게 대열에 참여했다. 밥상은 언제나 생존을 위한 전쟁터 같았다.

군에서 훈련을 받을 때는 먹는 것이 아니라 밀어 넣다시피 했다. 맛은 고사하고 살기 위해 배를 채웠다. 아무리 배가 고파도 사 먹을 곳이 없어 무조건 참아야 했다. 어쩌다 건빵이 생기면 소리가 날까 봐 모포를 뒤집어쓴 채 녹여서 넘겼다. 그때는 우정이고 전우고 아무것도 생각나지 않았다. 매점은 언제나 난장판이었다. 불을 본 부나방처럼 목숨 걸고 달려들었다. 자대배치 후에도 취사병들이 주는 대로만 먹었다. 플라스틱 식기를 배식 창구에 밀어 넣을 뿐 어떤 말도 할 수가 없었다. '일식삼찬'이라는 글귀가 식당 앞에 붙어 있어도 희멀건 국물과 소금에 절인 무를 고춧가루에 버무린 김치, 잔뼈만 가득한 도루묵찌개가 전부였다. 가끔 나오는 고깃국은 흰 비곗덩어리만 몇 개 둥둥 떠 있었었다. 그래도 앉자마자 플라스틱 식판을 잽싸게 비웠다.

문제는 회사 다닐 때였다. 사무실에 들어서면 퇴근할 때까지 과중한 업무와 중압감 때문에 점심시간에도 일을 놓지 못했다. 휴식 시간도 없다 보니 소화에 신경 쓰는 것은 사치였다. 때와 장소를 가리지 않고 반복되는 회의 때는 커피와 담배가 필수 기호품이었다. 누가 먼저랄 것도 없이 좁은 공간의 벽면이 누렇게 변할 정도로 담배 연기를 뿜어댔다. 그곳을 벗어나도 회의는 계속됐다. 퇴근 후 정해진 장소에 다시 모였다.

회식은 밥만 먹는 것이 아니었다. 식사가 끝나면 바로 술집으로 이동했다. 삼겹살에 소주 파티가 벌어졌다. 고생한 사람을 위로하고 친목을 도모한다고 하지만 따라가는 자체가 힘들었다. 성질 급한 상사는 익지도 않은 고기를 안주 삼아 맥주잔에다 소주를 병째로 부어 단숨에 들이켰다. 마시는 게 아니라 들이부었다. 수시로 인원 점검을 하는 바람에 마음대로 자리를 뜰 수도 없었다. 중간에 도망쳤다가는 배신자로 낙인찍혀 싸늘한 눈총과 사사

건건 간섭을 받아야 했다. 어쩌다 술 좋아하는 상사를 만나면 회사생활 자체가 힘들었다. 다음날이 되면 범도 잡을 것같이 용감하던 기상과 패기는 간 곳 없고 넋 나간 사람처럼 자리를 지키며 담배를 피우거나 아랫배를 만지며 화장실만 들락거렸다.

처방받은 약을 시키는 대로 복용했다. 여차하면 평생 달고 살아야 한다는 말에 식습관을 고치고 커피도 잠정적으로 끊었다. 우선 저녁을 적게 먹고 소화가 잘 안 되는 음식은 아예 관심이 없었다. 당연히 고기도 식단에서 빠졌다. 회식 자리에 가도 술은 마시는 시늉만 하고 속이 편한 것만 골라 먹었다. 며칠 지나자 언제 그랬냐는 듯 통증이 사라졌다. 효과는 있어도 마음이 불편했다. 돌아보니 자극적인 음식과 폭식이 문제였다. 식습관 때문에 소화기능이 현저하게 떨어질 줄은 상상도 해본 적이 없었다.

유명 한의원을 찾아갔다. 역류성 식도염을 전문적으로 치료한다는 한의사였다. 동네에서 봐왔던 한의원과는 느낌부터가 달랐다. 제법 큰 병원에 온 것 같았다. 안내하는 종업원들의 차림새와 말씨, 주변에 잘 정돈된 휴게실, 방마다 가득한 최신 검사장비가 눈길을 끌었다. 나눠준 몇 장의 문진표 항목도 양방병원과 유사했다. 대기실에는 이미 여러 명이 진료를 기다리고 있었다.

간호사가 이름을 불렀다. 진료실에 들어서자 의사는 바로 체질검사부터 시작했다. 알 수 없는 약재를 손에 들고 마치 점괘를 찾는 무당처럼 이쪽저쪽을 옮겨 다녔다. 조금은 이상해도 워낙 유명한 사람이라 그냥 듣고만 있었다. 자주 들었던 사상체질이 아니라 여덟 가지 체질을 설명하고는 우선 체중부터 줄여야 한다며 세 달분 한약을 먹어보라 했다. 순간 갈등이 생겼다. 생각해보겠다고 하자 자신도 한약과 침으로 체중을 줄였더니 효과가 있었다고 힘주어 말했다.

내과는 갈 때마다 약을 처방했고 한의사는 약과 침을 병행했다. 몇 달 동안 시키는 대로 다 했다. 식단을 조절하고 기호식품도 끊었다. 완전히 뿌리 뽑겠다며 동분서주했지만, 결과는 미미했다. 체중이 줄면서 근육도 덩달아 빠졌다. 조금만 걸어도 지치고 테니스도 골프도 공이 제대로 날아가지 않았다. 몸을 많이 쓰는 밭일은 한나절도 힘들었다. 약보다 음식으로 보하는 것이 더 낫다는 약보불여식보藥補不如食補라는 말이 생각났다. 약 대신 밥을 잘 챙겨 먹고 헬스장에도 꾸준히 다녔다. 몸이 시키는 대로 먹고 커피도 마시며 주말마다 농사일도 거들었다. 십수 년 전 일이다.

세월이 모든 것을 앗아간다. 위산의 역류를 막아주는 괄약근만 약해지는 것이 아니다. 아무리 운동해도 탄탄하고 울퉁불퉁하던 상완 이두근과 삼두근은 속절없이 작아지고 윤기 있고 팽팽하던 얼굴에는 검버섯과 주름만 늘어간다. 조금이나마 늦춰보려고 별의별 짓을 다 하는 부류도 있지만, 부질없는 일이다. 연륜에 따라 나타나는 자연현상을 되돌려보겠다며 무리수를 두다가는 더한 낭패를 당한다. 모두가 욕심이다. 누구도 시간을 거스를 수 없듯이 함부로 더께를 지울 수도 없다.

충복의 변

평생 충복忠僕으로 살아간다. 반기를 들거나 반항한 적이 한 번도 없다. 하명이 떨어지면 물불을 가리지 않고 앞만 보고 달려간다. 사력을 다해 태산준령을 넘을 때는 거품을 내 물고 오줌을 지리며 사경을 헤맨 적도 있다. 날이 밝기도 전에 집을 나서면 어둠이 완전히 내려앉아야 돌아올 때가 많았다. 어려운 고비를 만날 때마다 이겨낼 수 있다고 주문을 걸듯 자신에게 중얼거린다.

사는 게 만만치 않다. 치열해지는 경쟁 속에서 살아남기도 어렵다. 가만히 있으면 어느 누가 도와주겠는가. 열심히 노력하지 않으면 비굴한 삶의 굴레를 벗어나지 못한다. 복지국가니 뭐니

하면서 다해줄 것처럼 매스컴에서 떠들어대도 정작 도움을 받았다는 소리는 들은 적이 없다. 가난의 굴레는 혼자 힘으로 벗어나기 어렵다. 평생 발버둥 쳐도 빠져나오기는커녕 대물림하는 경우가 대부분이다. 높아지는 계층 간의 장벽과 부의 쏠림 현상을 경험하다 보면 정의, 공정, 평등과 같은 말은 공허하게만 들린다. 문명이 발달하고 물자가 풍부해질수록 더 많이 가지고 누리려는 무리가 판을 친다.

세상이 어떻게 돌아가든 신경 쓸 겨를조차 없다. 천정부지로 치솟는 부동산에는 관심을 접은 지 오래다. 평생 안 먹고 안 입어도 소형 아파트 하나도 장만하기 어렵다. 그게 다가 아니다. 당장 일자리가 별로 없다는 게 가장 큰 문제다. 해마다 수십만 개의 새로운 일자리를 만들었다고 언론을 통해 발표하지만 어디에 있는지 찾을 수가 없다. 이런저런 이유로 살기 힘든 세상에 엎친 데 덮친 격으로 역병까지 기승을 부린다. 종일 무섭게 뛰어다녀도 역경을 헤쳐 나가기 어려운데 다니지도 모이지도 말라는 문자가 끊임없이 날아든다.

답답한 마음에 열기도 식힐 겸 자리에 누웠다. 눈을 좀 붙이려고 옆자리를 힐끗 쳐다보다가 깜짝 놀랐다. 주변에 늘어선 늘씬하고 말쑥한 자태에 홀려 한동안 혼이 나간 듯 바라봤다. 경주마 엉덩이처럼 어찌나 탄력 있고 윤기가 흐르는지 눈을 뗄 수가 없었다. 검버섯과 마른버짐이 피어나고 자글자글한 주름이 물결치는 자신과는 비교 자체가 불가능했다. 노화 현상은 누구도 막을 수 없다는 말로 스스로 위로해보지만, 정신없이 달려온 삶의 역정이 주마등처럼 지나간다.

 그렇다고 추접스럽게 산 것은 아니었다. 날마다 씻고 닦지는 못해도 대중탕은 잊지 않고 찾았다. 좁고 어두운 터널 같은 곳에서 거품을 뒤집어쓰고 마구 문질렀다. 시간에 쫓긴 때밀이 기계가 마구잡이로 돌아가는 바람에 정신을 차릴 수가 없었다. 고래 힘줄보다 질긴 천조각이 자국을 남길 정도로 후벼파도 이를 악물고 참았다. 우람한 기계 소리와 어두침침한 분위기에 압도되어 입도 뻥긋 못했다. 찌든 때를 벗고 나면 검버섯과 주름이 확연하게 드러나도 기다리던 아주머니들이 물기를 닦아주면 기분이 상쾌했다.

 예쁘게 단장하고 잠시 숨을 고르고 있었다. 봄날이라 그런지 바람이 불 때마다 눈송이 같은 벚꽃이 길 위에 흩날렸다. 아지랑이가 피어나는 아스팔트 길을 달릴 생각에 한껏 들떠 있었다. 그때였다. 갑자기 하늘에서 뭔가가 주르륵 머리 위에 떨어졌다. 희멀건 액체는 새똥이었다. 한 마리가 아니었다. 몇 마리가 날아가면서 연달아 명중시키는 바람에 들뜬 기분은 순식간에 무너졌다. 무슨 억하심정에 그 넓은 곳은 다 제쳐두고 하필이면 갓 목욕하

충복의 변 135

고 나온 몸에다 싸는지 기가 찼다. 얼마나 지독한지 살갗을 파고 드는 것처럼 상처가 아렸다. 얼른 씻어내도 계속 냄새가 나는 것 같아 종일 기분이 찜찜했다.

그날 오후에는 황당한 일을 당했다. 동네를 떠돌던 개들이 막무가내로 달려들었다. 앞뒤 가리지 않고 날카로운 이빨로 물어뜯고 아무 데나 발톱으로 긁어대는 바람에 여러 곳에 상처가 났다. 꼭 눈에 잘 띄는 깨끗한 부분만을 골라 집중적으로 공략했다. 어찌나 사납게 떼로 달려드는지 혼자서는 도저히 감당할 수가 없었다. 어디서 얻어맞고 여기에다 분풀이를 하는지 일방적으로 당했다. 가끔 찾아오는 고양이 발톱과는 비교도 되지 않았다. 대항할 힘도 든든한 배경도 없다 보니 늘 당하며 살아왔다. 그날도 말 한마디 못 하고 만신창이가 되었다.

희한한 일을 당한 적도 있다. 조용한 밤 골목에 비틀거리는 그림자 하나가 나타나더니 몽둥이질을 해댔다. 방망이로 내려치자 한쪽 귀가 사정없이 떨어져 나갔다. 뒤를 살피는 눈이 없으니 움직일 수가 없었다. 전쟁터에서 전공을 자랑하려고 전사자의 귀를 베어 갔다는 소리는 들어도 주정뱅이가 거울을 떼어 갔다는 말은 일찍이 들어 본 적이 없다. 그것이 전부가 아니다. 날카로운 송곳으로 옆구리를 찢다시피 긁고 지나가는 바람에 속살이 훤히 보일 정도로 깊은 상처도 입었다. 골목에 있었다는 이유만으로 초주검이 될 정도로 맞고 찢겼다.

시멘트 블록담과의 충돌은 순전히 부주의 탓이었다. 어둠을 무시하고 좁은 골목길을 별생각 없이 빠르게 들어가다 쿵 하고 담벼락을 들이박았다. 순간 깜짝 놀라 급히 후진하다 더 세게 부딪혔다. 예삿일이 아님을 직감했다. 눈감고도 갈 수 있는 길이라 방심했던 것이 화근이었다. 한심한 생각이 들었다. 날이 밝기가 무섭게 확인해보니 전문가도 고개를 갸우뚱거릴 정도로 많이 망가졌다. 생각하면 화가 머리끝까지 치밀었지만, 할 말이 없었다.

병원만 갔다 오면 마사지 받은 피부처럼 선명한 색상과 탄력이 넘친다. 신경 쓰며 가꾸고 다듬어도 잔주름만 늘어가더니 갈 때마다 새로운 모습이 되어 돌아온다. 속은 벌써 문드러지고 녹아내려 수시로 꺽꺽거려도 외모에는 신경을 쓴다. 암만 힘들어도 내색하지 않다 보니 불사조라도 되는 줄 알고 마구 대한다. 늙어 갈수록 섭섭한 마음이 들 때가 많다.

살다 보면 별일을 다 당한다. 턱도 없는 일을 당하고 나면 한동안 어안이 벙벙하다. 평생 남을 해코지하거나 음해한 적이 없어도 엉뚱한 오해를 받거나 공격을 받기도 한다. 급작스럽게 당하다 보면 해명이나 변명할 기회조차 없어 황당할 때도 많다. 아무리 당해도 하소연할 곳조차 없다 보니 홀로 속만 태우며 시름을 달랜다. 바람의 향방을 좇아가는 충복들은 늘 그렇게 자책하며 참고 산다.

농막, 노을에 젖다

　점심을 먹고 친구 농막으로 간다. 새벽부터 만나 골프 치고 반주로 막걸리를 마신 탓인지 전신이 노곤하다. 인보로에서 우회전 선필로의 저수지를 지나자 무논에서 개구리 우는 소리가 간헐적으로 들린다. 구불구불한 산길을 따라 한참을 들어가니 갑자기 여러 갈래로 갈라진다. 앞차를 따라가느라 사방에 펼쳐진 눈부신 신록은 볼 겨를이 없었다.
　잽싸게 커피가 나온다. 손잡이가 특이한 잔에서 피어나는 향이 여섯 평 공간에 가득 찬다. 주인의 성품이 배어나는 잘 정돈된 마당 건너편 앞산에는 바람이 불 때마다 연두색과 초록색이 물결처럼 출렁거린다. 소나무가 많은 골짜기에서는 구름처럼 피어난 누런 송홧가루가 능선을 따라 멀리멀리 퍼져간다. 따뜻한 커피가 목젖을 타자 누가 먼저랄 것도 없이 멀어져간 추억을 하나씩 끄집어낸다.

반세기가 한순간에 접힌다. 강산이 다섯 번이나 변한 긴 세월이 단번에 잘려 나간다. 까까머리 소년들은 어느새 초로를 넘어 종심을 목전에 두고 있다. 고슴도치처럼 치솟던 까만 머리카락도 이제는 늦가을 잡초처럼 작은 바람에도 힘없이 흩날린다. 굳이 많은 말을 주고받지 않아도 윤기 잃은 얼굴에 피어나는 검버섯과 듬성듬성한 머리카락이 질곡의 역정을 말해준다.

고등학교에서 처음 만났다. 자동차와 배 만드는 공장이 공업도시의 작은 포구에 들어설 때 공업고등학교 기계과에 입학했다. 반 편성이 끝나자 담임 선생님은 반장과 부반장을 지명했다. 나름대로 중학교에서 공부를 잘했던 아이들이라 누구를 시켜도 무리가 없지만, 친구는 반장 나는 부반장이 되었다. 젊고 패기 넘치는 담임 선생님과 군에서 반평생을 보낸 부담임 교련 선생님의 인상이 무서워도 개의치 않았다.

하지만 금세 학교생활이 싫어졌다. 인문 과목은 가뭄에 콩 나듯 찾기 어렵고 기계 관련 이론과 실습이 대부분인 시간표 때문이었다. 어쩌면 대학 진학이 어렵겠다는 생각에 전학도 생각했지만, 현실은 녹록지 않았다. 통학버스를 탈 때마다 들리는 예비고

사나 본고사 이야기가 억지로 눌러둔 가슴을 후벼팠다. 교과서나 문제집 대신 땀내 나는 실습복과 실습 도구가 가방의 주인이 되어갈 즈음 '조국 근대화의 기수'라는 견장이 어깨에 올라왔다. 교문 옆 새하얀 드릴과 기어 조형물에도 황동 글자가 박혔다. 정문 앞 삼산 들판 벼가 누렇게 익어가고 교내 방풍림이 물들 때까지 가스실 같은 실습장에서 밤낮없이 용접만 했다.

가난에서 벗어나겠다며 몸부림치던 시대였다. 기와집보다 초가가 많고 경운기는 책에서나 등장하던 때라 지게가 대세였다. 동트기 전부터 온 식구가 눈코 뜰 새 없이 일해도 입에 풀칠하기도 힘들었다. 농번기만 지나면 골방에서 허송세월하던 사람들을 새마을운동이 밖으로 불러냈다. 반만년 역사를 통째로 뒤집겠다는 듯 길을 넓히고 지붕을 개량했다. 여름이면 나팔꽃이 피고 가을이면 인동초꽃이 가득하던 울타리는 시멘트 블록 담장이 되고 박꽃이 하얗게 덮던 초가는 슬레이트 지붕으로 단장되었다. 수천 년 마을 어귀를 지키며 마을의 애환을 들어주던 서낭당과 제당도 거침없이 뜯겨나갔다.

거대한 조선소로 실습을 나갔다. 취업을 전제로 한 단순한 현장 경험이 아니었다. 열사의 나라 중동에 취업한다는 선생님들의 말만 믿고 한 해 동안 갈고닦은 실력을 다지는 과정이었다. 모두가 꿈에 부풀었다. 공무원 월급의 열 배에 해당하는 급여를 준다는 말에 치열한 경쟁을 뚫고 선발된 친구들이었다. 인근 대도시의 명문 공고에서도 같은 목적으로 단체로 입소했다. 세 학교에서 모인 학생들은 졸업과 동시에 외국으로 가는 줄 알았지만, 단순한 훈련생이었다. 회사에서는 중동이라는 단어는 물론 해외 취업이라는 말을 입에 올리는 사람이 없었다. 휴일마다 집에 가도 차마 꿈이 무산되었다는 말을 끄집어낼 수가 없었다. 어른들의 무책임한 언행에 사회 초년생들의 꿈은 힘없이 무너져 내렸다. 딱히 항의할 곳도 없고 할 줄도 몰랐다.

사직서도 내지 않았다. 무급 훈련 기간이 끝나고 받은 첫 달 급여 봉투를 가슴에 묻고 이불 보따리를 샀다. 아직도 바람이 세찬 어두컴컴한 바다를 바라보며 숙소를 나왔다. 남들이 출근할 때 반대로 정문을 나섰다. 밀물처럼 밀려드는 자전거 행렬 사이를 뚫고 중공업 정문을 나서자 자꾸만 뒤가 돌아다 보였다. 상사는 물론 친구들에게도 말 한마디 남기지 않고 정류소로 향했다. 봄 방학이라 차 안은 생각보다 썰렁했다. 철옹성 같은 담장이 소실점으로 변하자 만감이 교차했다. 뒷자리 구석진 곳에서 숨죽인 채 홀로 설움을 삼켰다. 친구도 그 무렵 짐을 챙겼다.

대학을 졸업한 친구는 조선소에 다시 들어갔다. 열심히 일했다. 가정을 포기하다시피 한 회사 생활은 힘들고 어려웠다. 수많은 수상 경력이 말해주듯 어떤 고난이 닥쳐도 물러서지 않고 헤쳐나갔다. 자신을 담금질하겠다며 입대한 해병대 정신으로 회사 방침에 앞장섰다. 때마침 불어온 조선 경기의 호황에 순풍에 돛 단 듯 승승장구했다. 화룡점정은 모두가 부러워하는 유럽지역 본부장으로 퇴사한 것이었다.

　친구가 포도주병을 들고나온다. 어렵사리 병마개를 따자 갇혀 있던 향이 단번에 터진다. 다양한 안주가 등장하고 반주기에서는 색소폰 연주가 시작된다. 마치 고급 카페에 앉아 있는 것 같다. 친구의 연주 솜씨가 예사롭지 않다. 수년간 갈고 닦은 만큼 어디에 내놓아도 손색이 없는 실력이다. 악보만 있으면 즉시 연주가 가능하지만 만족하는 경우는 드물다고 사족을 단다. 아련한 젊은 날의 추억에 빠져 습관적으로 잔을 비우고 채우다 보니 어느새 건너편 산자락에 어스름이 내린다. 관악기와 포도주에 잠긴 주홍빛 두 얼굴이 저녁노을에 젖는다. 농막이 붉게 탄다.

초보 고수

버려야 채울 수 있다. 틈이 없으면 빛도 들어오지 못한다. 여백과 공간이 있어야 뭐든지 받아들일 수가 있다. 비움을 강조하고 버려야 한다며 입버릇처럼 말하지만 정작 행동은 따라가지 못한다.

드디어 북채를 잡았다. 판소리를 시작한 지 다섯 해가 지나서야 북을 안았다. 늘 마주하던 사이지만 막상 채를 드니 처음 만난 것처럼 서름서름하다. 조심스럽게 몇 번 두드려봐도 다스름이 없어서인지 반주는 고사하고 소리도 잘 내지 못한다. 자세를 다잡고 정수리를 내려치자 그제야 야무지게 화답한다.

기본 열두 박을 천천히 쳐본다. 큰소리를 내려고 애를 쓸 수록 자꾸만 북통이 외면하듯 돌아앉는다. 한 장단을 마치기도 전에 채가 엉뚱한 곳에서 논다. 지나치게 긴장한 탓인지 제 차례를 잊은 두 손이 연달아 뒤엉킨다. 한 소절도 마치지 못하고 북편도 채편도 허둥댄다. 장단은 비틀거리고 등에서는 식은땀이 흘러내린다.

고법鼓法은 전혀 몰랐다. 수년간 노래를 배우면서도 반주법에는 관심이 없었다. 그저 빨리 배우고 싶은 욕심에 진도에만 신경을 썼다. 그냥 젓가락 장단처럼 적당히 치는 줄 알았지만, 실제로 접하고 보니 반주가 가락을 살리고 망쳤다. 배웠던 가사집을 찾아 북장단을 달았다. 소리를 배우며 들었던 박자를 기록하는 일은 생각보다 어려웠다. 수없이 뇌까리며 한 장단씩 만들어 갔다. 혼자 연습하려면 어쩔 수가 없었다. 시간이 지날수록 리듬을 무시하고 마음대로 고함만 질러댔다는 생각이 들었다.

고수鼓手는 북재비다. 판소리의 가락과 박자에 맞춰 북을 치는 사람이다. 혼자서 반주를 책임지고 추임새 등으로 청중의 흥을 돋운다. 초보 고수는 정해진 박자만 고집하거나 가락을 아무 때나 넣어 소리꾼의 기량을 훼손하지만 명고名鼓는 다르다. 다양한 제制나 유파를 완전히 소화하고 그 특성에 맞게 반주를 하되 귀에 거슬리거나 시끄럽지 않고 상서로운 기운을 뿜어낸다. 최고의 고수는 청중이 가락을 잘 감상할 수 있도록 북소리를 자제하며 선

율의 참맛을 살려낸다. 정박을 또박또박 치기보다는 맥을 정확히 짚어 있는 듯 없는 듯 장단을 맞춘다. 강조하고 생략할 부분을 속속들이 파악하고 보이지 않는 여백을 만들어 청중의 몫을 남겨둔다.

소리꾼도 고수와 같다. 창자唱者가 혼자 감정에 취하면 관객들은 공감도 감동도 없다. 극적으로 몰고 가되 비집고 들어올 틈을 남겨두어 스스로 젖도록 해야 한다. 감정 이입이 공연장을 달군다. 비단 판소리뿐만이 아니다. 글도 지나치게 복잡하거나 감정에 치우치면 감상이 힘들어진다. 보일 듯 보이지 않고 잡힐 듯 잡히지 않을 때 궁금증을 자아내고 오래 머물게 된다.

어느 유명 고수가 말했다. 평생 북재비로 살았지만 잊지 못할 공연은 소리꾼이 되어 북을 친 날이라고. 북자루가 허공에서 춤을 추고 명창의 성음이 천상을 드나들자 가객과 고수가 하나가 되더라고 했다. 언감생심 늦깎이 초보 고수에게 그런 날이 올까마는 오늘도 추임새를 넣고 소리북의 대점을 내려친다.

가지치기

　봄이 오기도 전에 꽃부터 피운다. 잔설이 곳곳에 남았지만 물오른 가지들이 잔뜩 부푼 꽃망울을 하나둘 터뜨린다. 몸통을 뚫고 나온 때 이른 매향이 꽃샘추위 찬 기운과 어우러져 벌 나비를 불러낸다. 작은 가지에 가위를 들이대자 하얀 꽃잎이 눈발처럼 흩날린다.
　부풀 대로 부푼 꽃망울이 곳곳에 맺혀 있다. 가지를 휘어잡고도 선뜻 가위를 들이대지 못한다. 활짝 핀 꽃을 들여다보니 콩나물 같은 수술이 노랗게 돋아 있다. 아무리 작은 벌이라도 꽃가루를 묻히지 않고는 꿀샘으로 들어갈 수 없을 정도로 얼기설기 얽혀 있다. 언제 잠입했는지 알 수 없는 벌 한 마리가 꿀샘을 찾아

날개를 털며 꽃가루 속으로 머리를 파묻는다.

예년 같으면 벌써 끝냈을 가지치기를 이제야 한다. 겨우내 독감에 허우적대다 입춘이 지나고 밭을 찾았다. 꽃이 피기 전에 잘라야 균형을 잡기가 쉬운데 이미 만개한 꽃이 많아 조금은 망설여진다. 큰 졸가리 하나를 잡아당겨 톱질을 시작하자 꽃잎이 함박눈으로 변한다.

전지剪枝를 배운 적은 없다. 남들이 하는 것을 보고 흉내를 냈다. 우듬지는 가위로 자르고 굵은 줄기는 톱으로 벴다. 큰 줄기를 잘라 윤곽을 잡고 솜털 같은 도장지를 면도하듯 깨끗하게 없앴다. 하나둘 다듬다 보면 새신랑같이 깔끔한 자태를 드러냈다. 노련한 이발사가 마지막 점검을 하듯 주위를 돌면서 전체적인 균형을 잡아주면 끝이 났다.

균형 잡기는 만만치가 않다. 얼마만큼 자를 것인가를 정하기가 어렵다. 여차하면 한쪽으로 치우치거나 몽땅 연필처럼 만든다. 튼실하게 보여도 껍질이 검고 윤기가 없는 가지는 가차없이 제거해야 한다. 속이 비었거나 썩은 나무에 연 매실은 술을 담가도 맛이 없고 진액도 잘 나오지 않아 고택이나 사찰의 고목은 심하다 싶을 정도로 잘라낸다. 뿌리가 감당할 수 없을 정도로 많으면 영양 부족으로 열매가 일찍 떨어지고 이파리도 오가리가 들어 시들어진다.

가지치기

몇 해 전, 논에다 매실나무를 심었다. 천수답이라 논농사 대신 과수원이 좋다는 말을 듣고 바로 묘목을 신청했다. 해마다 나뭇가지만 대충 잘라주면 된다는 지인의 말만 믿었다. 탐스러운 열매를 상상하며 가시에 찔리는 줄도 모르고 정성껏 나무를 심고 땅을 다졌다. 입맛을 돋우는 진액과 반주용 매실주는 상상만 해도 침이 절로 넘어갔다.

주말마다 논에 갔다. 두 달쯤 지나자 작은 잎이 돋아났다. 참새 혓바닥 같은 이파리가 단단한 줄기에서 돋아났다. 매년 거름을 했더니 삼 년 만에 첫 열매가 열렸다. 망종이 지나자마자 수확한 초록 매실을 형제들과 친척집에 나눠주었다. 매실이 귀하던 시절이라 상자를 받자마자 침부터 삼켰다. 하지만 그것도 잠시였다. 마치 만병통치약이라도 되는 듯 매스컴에서 떠들어대자 너도나도 논밭에다 심는 바람에 지금은 애물단지가 되었다.

나무를 파낼 수는 없었다. 약을 치거나 거름은 하지 않고 줄기만 잘랐다. 주인의 발길이 뜸해지자 과수원은 곧바로 잡초밭이 되었다. 그야말로 쑥대밭이었다. 어디서 날아왔는지 알 수 없는 환삼덩굴이 우듬지까지 휘감는 바람에 햇빛을 보지 못한 나무는 거의 초주검이 되었다. 안타까운 마음에 어설프게 줄기를 잡아당겼다가 나도 나무도 상처투성이가 되었다. 가늘고 질긴 줄기에 톱날처럼 붙어 있는 가시는 옷도 찢을 정도로 날카로웠다.

살아날 수 없을 만큼 허약해졌다. 볕을 못 본 잎사귀는 탈모증에 걸린 듯 맥없이 떨어지고 생기마저 잃어버린 앙상한 가지는 삭정이 같았다. 서리가 내린 듯 하얗게 붙어 있는 진드기가 수액을 다 빨아도 속수무책으로 당하고만 있었다. 그제야 살충제가 줄줄 흘러내릴 정도로 약을 치고 전지도 했지만, 좀처럼 생기를 되찾지 못하고 사경을 헤맸다. 몇 년 동안 뿌리가 감당할 수 있을 정도만 남겨두고 베고 잘라내도 무성한 잎을 내지는 않았다.

나이가 들면 기력이 달린다. 거름을 주고 전지해도 마찬가지다. 늙은 유실수는 해거리를 잘하고 열매도 부실하고 적게 달린다. 역할이 끝난 줄기는 과감하게 잘라내야 힘차게 돋아난 새 가지에서 튼실한 열매가 연다. 하늘 높은 줄 모르고 뻗어가던 우듬지도 때가 되면 껍질이 떨어져 나가고 속이 곪아 봄이 온 줄도 모르고 서서히 삭정이가 되어간다.

퇴직을 앞두고 신변을 정리한다. 역할이 끝난 줄기를 잘라내듯 평생 함께한 전공 서적과 각종 연락처를 줄이고 버린다. 근래 몇 번이나 줄이고 버렸지만 그래도 상당한 자료를 움켜쥐고 있다. 선뜻 나뭇가지에 톱을 들이대지 못하듯 난 자리의 허전함을 견딜 수 있는 준비가 안 되었는지 연을 놓지 못하고 갈등한다. 해마다 부실한 부분을 과감히 잘라내는 매실나무처럼 주변을 다듬고 몸집을 줄이려 하지만 망설이다가 끝난다. 거세게 요동치는 아쉬움과 그리움도 시간이 지나면 옅어진다는 것을 알면서도 마음처럼 손발이 움직이지 않는다.

강물의 노래

명지鳴旨 아들 집에 간다. 강구에 도착하니 옛 모습은 간 곳없고 우후죽순으로 솟아난 고층 건물만 가득하다. 창해같이 푸르던 대파밭에는 검은 아스팔트 도로가 바둑판처럼 사통팔달로 뻗어있다.

낙동강 하구의 모래섬이다. 오랫동안 소금을 생산하던 염전지대였다. 한 해 이십만 가마의 소금이 천삼백 리 낙동강 수로를 따라 전국으로 팔려나간 적도 있지만, 채산성이 떨어지면서 명맥이 끊어졌다. 엎친 데 덮친 격으로 사라호 태풍이 염전을 쓸어버리자 넓은 펄밭은 파밭이었다가 지금은 콘크리트 건물이 빼곡히 들어선 신도시가 되었다.

대학 새내기 때였다. 비만 많이 오면 결석하는 친구가 있었다. 등교하는 날도 수업 중에 살며시 들어왔다 끝나면 바로 집으로 갔다. 신입생 환영회나 친구들 모임에는 아예 모습을 드러내지도 않았다. 떡 벌어진 어깨와 단단한 허벅지를 앞세워 체육대회 때는 축구선수로 이름을 알렸지만, 말이 없는 편이라 친하게 지내는 사람이 없었다. 같은 조에서 실습할 때 집이 어디냐고 물었더니 명지라고 했다. 말문이 트이자 금세 친해졌다.

기말고사가 끝나는 여름날 명지에 갔다. 나룻배를 태워 주겠다는 말에 선뜻 따라나섰다. 시험이 끝나자마자 버스를 타고 낙동강으로 갔다. 우거진 갈대숲 너머에는 셀 수 없이 많은 철새가 물 위에서 놀고 있었다. 바람이 불 때마다 사방에 널브러진 갈대가 파도처럼 출렁거렸다. 에덴 공원에 들러 음악 카페인 '강촌'에서 구운 노가리 몇 마리를 앞에 놓고 막걸리 사발을 부딪치며 젊음을 발산했다. 술주전자가 비워지고 채워지기를 반복하자 강나루는 금빛 노을에 물들고 철새들의 군무가 시작되었다.

마지막 배를 탔다. 크지 않은 배에는 사람이 별로 없었다. 누군가는 직장에서 일어났던 이야기를 소곤거리며 즐거워하고 있었다. 그때는 낙동강 하구에 둑이나 다리가 없어 나룻배가 유일한 교통수단이었다. 홍수나 태풍만 아니면 배는 언제나 강을 가로질러 다녔다. 한참 올라가면 일제강점기 때 만든 구포다리가 있지만, 그곳까지 가기는 더 힘들었다. 군데군데 자리 잡은 샛강과 하천이 길을 막았다. 강을 건너도 버스가 자주 없어 시내까지 가는 길은 순탄치가 않았다.

친구는 집안의 가장이었다. 어릴 때 아버지가 돌아가셨다. 어머니가 재첩국을 팔러 가면 동생들을 챙겨야 했다. 하룻밤을 같이 보내면서 집안 사정을 듣고 나니 궁금증이 해소됐다. 마을 어귀 나루터에는 작은 목선 몇 척이 물결이 칠 때마다 조금씩 흔들리고 있었다. 울도 담도 없는 외딴집을 빠져나와 나룻배에 오르니 바닷바람이 시원하게 불어왔다. 배가 을숙도를 지날 때까지 친구는 나루터에 서 있었다. 나는 애써 친구의 시선을 외면하고 철새 떼만 바라보았다. 비슷하게 보이던 철새들도 가까이서 보니 같은 모양이 하나도 없었다.

겨울 방학은 각자 집에서 보냈다. 전화가 흔치 않던 시절이라 방학 때는 안부를 확인할 방법이 없었다. 무소식이 희소식이라는 말만 믿고 고향에서 시간을 보냈다. 간혹 물에 떠다니는 철새만 봐도 재첩을 캐고 있을 친구의 얼굴이 떠올랐다. 일찍부터 무거운 짐을 짊어지고 묵묵히 걸어온 탓에 나이보다 성숙해진 무표정한 모습이 눈앞에 선했다. 가끔 궁금할 때가 있어도 물어볼 곳이 없어 마음만 띄워 보냈다.

개학하는 날 친구가 보이지 않았다. 다음날도 마찬가지였다.

개강 반 단합대회를 '강촌'에서 했다. 젓가락 장단에 맞춰 막걸리를 마시다가 혼자 나루터로 갔다. 꽃샘추위 때문인지 강바람은 매서웠다. 기억을 더듬어 친구를 찾아갔다. 쓰러질 듯 기울어진 초가집에는 인기척이 없었다. 마루에 앉아 바다를 바라보니 지난 가을 친구와 밤새며 이야기하던 날이 생각났다. 이사 갔다는 말을 듣고 일어서니 가덕도 쪽에는 어느새 금빛 노을이 내려와 있었다. 다음 해 봄, 나는 입대했다. 전역하고 복학하고 취업도 했지만, 숨 가쁘게 살다 보니 명지도 친구도 점차 잊혀갔다.

낙동강은 생명의 젖줄이었다. 말없이 흐르는 강물은 소금을 만들고 대파와 재첩도 키워냈다. 나룻배가 다니던 하구를 가로막아 바닷물과 만나지 못해도 하던 일을 계속한다. 해마다 때가 되면 갈꽃을 피워 금빛 노을에 날려 보내고 무리 지어 찾아드는 철새들을 품어준다. 사람들이 마음대로 마름질해 물길을 돌리고 고층 건물을 올려도 조용히 몸을 내준다.

오늘도 강구에는 요란한 기계 소리가 울려 퍼진다. 마천루 같은 아파트도 하루가 다르게 키를 세운다. 그 사이로 푸른 낙동강이 당당히 굽이쳐 흐른다.

매질

매가 훈육의 상징인 적이 있다. 여차하면 회초리나 몽둥이부터 들었다. 한때는 말보다 매질을 앞세우는 경우가 많았다. 사랑의 매는 당연히 감당해야 할 의무가 있는 것처럼 배우고 가르쳤다. 학교는 물론이고 집에서도 회초리를 들어야 제대로 교육이 된다고 생각했다.

가정 폭력이 자주 매스컴을 탄다. 미운 자식 떡 하나 더 주고 귀한 자식은 매를 든다는 말을 곡해하는 사람이 있다. 버릇없이 키우지 말라는 말을 무분별한 폭력을 정당화하는 데 사용한다. 버릇을 고친다는 명분이 목숨까지 앗아가도 잠시 뉴스에 등장할 뿐 대중들에게는 금세 잊힌다. 아직도 아이는 맞으면서 성장해야 올바른 길로 간다고 믿는 사람이 많다.

 의식처럼 행해진 적도 있다. 고등학교에 입학하자 복장 검사를 명분으로 몽둥이를 들고 들어온 선배들이 공포 분위기를 만들었고, 대학생이 되자 신입생 환영회를 빌미로 체벌을 하고 억지로 술을 먹였다. 그래야 금세 친해지고 정이 두터워진다며 좋은 전통인 것처럼 합리화했다. 철철 넘치는 술잔을 보기만 해도 가슴이 답답해 그 자리를 몰래 빠져나왔다. 이런 전통은 군대나 회사에 들어갔을 때도 있었다.

 매 끝에 정든다는 말도 있다. 매를 맞거나 꾸지람을 들은 뒤에 사이가 더 가까워지게 한다는 뜻이다. 어떤 매든 몸과 마음에 상처를 남긴다. 눈에 보이는 상처야 시간이 지나면 없어지지만, 마음에 새겨진 흔적은 지워지지 않는 경우가 많다. 눈물이 배어있는 어머니의 회초리도 멍이 되어 가슴에 남는 것은 마찬가지다. 어디까지가 사랑이고 어디까지가 체벌인지 구분하기도 어렵다.

 초등학생 때였다. 겨울만 되면 용의 검사를 했다. 검사 날짜를 알려주는 선생님의 한마디가 활기찬 교실에 찬물을 끼얹었다. 아이들은 단번에 풀이 죽었다. 해마다 되풀이되는 매타작을 연상하며 논바닥같이 쩍쩍 갈라진 손등부터 내려다봤다. 누룽지처럼 눌어붙은 때를 한꺼번에 벗겨내는 것은 간단한 문제가 아니었다. 어떤 방법이든 쇠가죽처럼 딱딱한 손등을 돌려놓기는 어려웠다.

겨울만 되면 덕장의 황태처럼 얼고 녹기를 반복하는 시골 아이들의 손등은 거북이 등처럼 갈라졌다.

그 시절, 용의 검사는 공포 분위기였다. 대부분 앞에 나가 매 맞는 줄에 서서 몸을 떨었다. 허공을 가르는 회초리 소리에 주눅이 들었다. 온몸에 힘을 빼고 순간속도를 높이는 선생님의 노련한 매질은 지칠 줄 모르는 디딜방아처럼 멈출 줄을 몰랐다. 소리 내어 세기도 귀찮다는 듯이 맞는 사람이 숫자를 세도록 했다. 법에도 없는 규정을 만들어 생각나는 대로 형량을 정해두고 피도 눈물도 없는 사람처럼 매정하게 집행했다. 될 수 있으면 기다리는 아이들의 공포심을 극대화하려고 애를 쓰는 것 같았다.

어디에서 그렇게 센 힘이 솟는지 끝까지 강도가 같았다. 평소에 허약한 척하며 햇볕에도 잘나가지 않던 여선생님이 더 했다. 매만 들면 천하제일의 청룡언월도를 허공에 휘두르는 관운장으로 변했다. 어떤 선생님은 큰 죄인 다루듯이 어금니를 꽉 깨물고 사생결단을 내겠다는 듯이 팔뚝부터 걷어붙였다. 시선을 내리깔고 볼기를 치듯 매섭게 매질하는 교실은 공포의 도가니였다.

병영에도 이런 검사가 있었다. 별도 날을 잡지 않고 점호시간에 실시했다. 잦은 훈련과 잡일에 치여 자신을 돌볼 겨를이 없는 졸병들이 문제였다. 내무반 일은 끝이 없었다. 아무리 씻고 닦아도 까탈스러운 주번 하사를 만나면 아무 소용이 없었다. 머리부터 발톱까지 훑어보고 문제가 없으면 복장 검사로 넘어갔다. 인디언들의 기우제처럼 꼬투리가 잡힐 때까지 이어졌다. 그날은 침상 삼선에서 다리가 후들거리도록 서 있다가 매타작으로 마무리되었다.

발 냄새부터 별 희한한 냄새를 풍기는 졸병이 있었다. 국내 최고의 대학과 대학원을 나왔지만, 비누칠은 물론이고 씻는 것 자체를 귀찮아했다. 세탁은 아예 할 생각조차 하지 않는 것 같았다. 억지로 시켜도 엉거주춤한 자세로 하는 시늉만 했다. 흰 팬티나 러닝셔츠는 황토물에 천연 염색을 한 것처럼 늘 누런색이었다. 고시 준비하느라 책 속에 묻혀 있어 그런지 매사에 적응하는 속도가 느렸다. 덕분에 전체가 몽둥이질을 당하는 날이 많았지만, 정작 본인은 아무렇지도 않게 행동했다.

초등학교 4학년 때였다. 친구는 선생님의 매를 거부했다. 내리치는 매를 빼앗아 꺾어버렸다. 얼떨결에 허리가 꺾인 대나무 뿌리는 비명 한번 지르지 못하고 창밖으로 던져졌다. 순간적으로 놀란 선생님을 노려보던 친구는 출입문이 아닌 창문을 뛰어넘어 운동장으로 달아났다. 누구도 나서서 붙잡지 않았다. 그럴 겨를도 없었다. 성난 황소처럼 씩씩거리며 운동장을 가로질러 교문 밖으로 사라졌다.

다음날, 친구는 어머니 손에 끌려 교무실로 가고 있었다. 궁금한 마음을 숨긴 채 조용히 앉아 기다렸다. 어떤 친구는 쓸데없이 깨끗한 교실 바닥을 쓸고 닦고, 반장은 칠판지우개가 먼지를 다 토해 낼 때까지 심하게 매질했다. 모두가 책과 공책을 펼쳐 놓고 아무 일 없다는 듯이 앉아 있었지만, 가슴은 연거푸 콩닥거렸다. 문이 열렸다. 선생님을 따라온 친구가 제자리에 앉자 수업이 시작되었다. 아이들은 더 큰소리로 책을 읽고 우렁차게 대답했다.

아들이 어릴 때였다. 현관문을 들어서자 싸늘한 공기가 확 밀려왔다. 문을 열어주는 아내의 얼굴은 약간 부어 있었다. 아들은 인사를 하는 둥 마는 둥 하더니 잽싸게 제 방으로 들어갔다. 얼굴을 바로 보지도 않고 슬슬 피하는 느낌이 들었다. 직감적으로 무슨 일이 있었다는 것을 알았지만 캐물으면 안 될 것 같아 모른척했다. 분위기가 가라앉을 때까지 기다렸다.

훌쩍이는 소리에 놀라 잠이 깼다. 불을 켜지 않은 캄캄한 아이들 방에서 아내가 울고 있었다. 다가가 물었지만, 대답은 하지 않고 잠자는 아들 다리에 안티푸라민만 열심히 발랐다. 흘리는 눈물이 퍼런 멍 위에 떨어지는 줄도 모르고 연신 문질러 댔다. 지금도 그때 이야기만 나오면 눈가에 이슬부터 맺힌다.

효자에 관한 고사가 생각난다. 어머니의 회초리를 맞던 나이든 아들이 눈물을 흘렸다는 이야기다. 아픈 것보다는 매질할 힘도 없이 늙어버린 어머니를 바라보며 무정한 세월을 탓하며 운

것이다. 매는 누가 어떻게 사용하느냐에 따라 무게가 달라진다. 작은 회초리에도 반항심이 생기고 실컷 맞아도 속이 후련할 때도 있다. 말은 나쁜 버릇을 고치고 올바른 길로 인도한다고 하지만 실제로는 감정이 실릴 때가 더 많다.

사랑의 매는 없다. 말로는 안 된다며 매부터 드는 경우가 많다. 순간적으로 순종하는 것처럼 보이지만 진심으로 따르지는 않는다. 진정한 사랑보다 더한 매질은 없다. 매는 매일뿐 어떠한 매질도 사랑은 아니다.

과외 선생님

중학교 때였다. 세모돌이라는 말만 들어도 깜짝 놀랐다. 얼굴이 역삼각형이라 붙여진 수학 선생님의 별명이다. 작고 날렵한 체구에 운동선수 같은 스포츠형 머리가 인상적이었다. 어깨에는 언제나 힘이 잔뜩 들어 있고 유별나게 날카로운 눈매는 빛이 났다.

수학 시간은 일단 긴장 상태였다. 어떤 돌발사태가 생길지 몰라 일찌감치 화장실을 다녀와 책과 공책을 펼쳐 놓고 부동자세로 앉았다. 평소에 분잡스럽던 친구들도 예외는 아니었다. 교실 문이 드르륵 열리면 미어캣처럼 일제히 그쪽으로 눈길이 쏠렸다. 친구들은 본능적으로 표정부터 살폈다. 조금 튀어나온 구강 구조 때문인지 꼭 다문 입술을 보면 마치 화가 난 것 같았다. 교단에 올라서자마자 내려다보는 레이저 눈빛은 단숨에 교실을 압도했다.

떠들 생각은 아예 못 했다. 소곤거리기만 해도 바로 분필이 날아왔다. 분필 토막을 던지는 솜씨는 천하일품이었다. 야구 투수를 했는지 던질 때마다 얼굴이나 머리를 정확하게 맞혔다. 흑판에 문제를 풀다가도 투수가 견제 볼을 던지듯 잽싸게 돌아서며 던졌다. 유도장치가 장착된 것같이 떠드는 소리를 찾아가 명중했다. 조는 사람도 표적이었다. 복잡한 수학 문제는 쳐다만 봐도 눈꺼풀이 저절로 내려앉았다. 쉬는 시간에 축구나 농구를 한 친구들은 졸음을 이기지 못하고 설명을 자장가 삼아 침을 흘리거나 횃대에 앉은 닭처럼 반쯤 눈을 감고 연방 고개를 끄덕였다. 멀리서 뻐꾸기 소리가 들리고 아카시아 꽃향기가 바람을 타고 교실로 들어오는 봄날이면 환청에 시달렸다.

칠판에 삼각형이나 원을 그릴 때도 대충 그리는 법이 없었다. 컴퍼스와 삼각자 같은 도구를 사용했다. 조금만 선이 비뚤어지거나 튀어나와도 다시 그렸다. 글씨에도 신경을 많이 썼다. 소문자 알파벳은 영어 시간에도 보지 못한 앙증맞은 서체였다. 분필도 붓끝을 모으듯 갈 정도로 숫자는 물론이고 문자도 깔끔하고 예쁘게 썼다.

개요 설명과 예제 풀이가 끝나면 나머지는 각자 풀게 했다. 답이 틀리거나 풀이 과정을 제대로 설명하지 못하면 손바닥이 얼얼하도록 회초리로 맞았다. 불려 나가자마자 손바닥을 펼쳐 보이며 매를 자청하거나 면벽 수양하는 수도승같이 꿈쩍 않고 흑판만 바라보며 끝까지 버티는 친구도 있었다. 남녀 반반이었던 우리 반은 이 시간만 되면 출정을 앞둔 병사처럼 불안해했다.

겨울 방학이 끝났을 때였다. 수학 선생님이 찾는다는 전갈이 왔다. 아무 잘못이 없는데도 온몸이 경직되는 듯했다. 지레 겁을 먹고 뭘 잘못했는지를 생각하며 뛰어갔다. 선생님은 매점에서 손짓했다. 수학 문제집을 하나 보여주며 저녁 먹고 매점 안채 하숙방으로 오라고 했다. 수업 시간에 풀던 문제와는 수준이 달랐다. 설명도 없이 문제만 가득했다. 처음 보는 어려운 문제집이었다. 말 한마디 못 하고 학교 앞에 있는 서점에 갔더니 그 문제집이 없었다. 바로 시내 큰 서점으로 갔다.

저녁을 먹고 집을 나섰다. 해가 짧은 겨울이라 골목에는 어둠이 짙었다. 정문 앞 황톳길에는 공동묘지와 무덤이 널려 있는 소나무 그림자만 흔들려도 덜컹 겁이 났다. 봄이면 복숭아 꽃잎이 흩날리고 여름에는 진홍빛 백일홍이 가득한 아름다운 언덕길도 그날은 달랐다. 사생대회나 백일장 때마다 찾았던 넓은 들판이 내려다보이는 무덤 쪽은 눈길도 주지 못하고 앞만 보고 걸었다.

방문을 두드리자 들어오라 했다. 문이 열리자 형광등 불빛이 기다렸다는 듯 왈칵 쏟아졌다. 작은 방은 어느 암자의 선방처럼 조용하고 깨끗했다. 벽에 걸려 있는 몇 가지 옷과 앉은뱅이책상이 전부였다. 하숙집 방안이 늘 궁금했는데 생각보다 단출했다. 마음만 먹으면 미련 없이 떠나는 운수 행각 구도자의 거처 같았다.

앉자마자 문제를 풀라고 했다. 무서운 눈길이 뒤통수를 짓눌러 풀 수가 없었다. 한번 막히면 진땀이 날 정도로 애를 써도 물꼬가 트이지 않았다. 침묵의 시간이 길어지자 선생님 얼굴도 하얗게 굳어졌다. 조용하고 나직한 목소리로 내일부터는 풀어보고 오라 했다. 가만히 하숙방을 나섰다. 하늘을 쳐다보니 기울어진 조각달 하나가 나뭇가지에 걸려 있었다. 적당히 핑계를 대고 오지 말 걸 괜히 왔다는 생각과 해방감이 동시에 몰려왔다.

만만치 않았다. 눈만 뜨면 걱정이 앞섰다. 공부하다 늦으면 친구 집에서 잘 때도 있었다. 답지가 없어 풀어도 맞는지 틀렸는지 알 수가 없었다. 과외 수업이 시작되어야 답지를 주며 스스로 점수를 매겨보라 했다. 처음에는 주눅이 들어 말도 제대로 못 했지만, 시간이 지나자 말문이 트였다. 답이 틀린 문제를 다시 푸는 시간도 조금씩 줄어들었다. 하루에 두 번씩 오가기 힘들어 며칠 만에 끝났지만, 교실 수업과는 확실히 달랐다.

과외 공부는 신문에서만 봤다. 사회적으로 큰 문제였지만 우리 동네와는 거리가 먼 단어였다. 돈 많은 도시 사람들이 벌이는 자식 교육에 대한 지나친 열정쯤으로 알았다. 시골에서는 졸업식 때마다 상급학교로 가지 못하는 학생들의 흐느끼는 소리가 식장을 가득 메울 때였다. 한쪽에서는 먹고사는 것도 힘들어 헉헉댈 때 다른 쪽에서는 치맛바람이 거세게 몰아쳤다. 지나친 사교육이 빈부격차만큼이나 위화감을 조장한다며 대도시에서는 고교 평준화를 앞둔 때였다.

언제나 사교육은 있다. 정도와 방법의 차이는 있지만 지금도 남아 있다. 수준별 수업이 불가능한 현실에서는 보습이 필요하다. 습득 속도가 다른 학생들의 능력을 고려한 별도 지도가 때로는 효과적인 교수 방법이 될 수도 있다. 문제는 공교육을 무시하고 부의 상징처럼 특권의식을 갖는 지나친 사교육이다. 타고난 재능을 살리기보다는 족집게 문제 풀이로 시험 합격에만 치중하는 것이 문제다.

불혹을 넘기고 지명知命이 되어서야 선생님을 찾았다. 어렵사리 찾았으나 이미 이 세상 사람이 아니었다. 교장 승진을 앞두고 심장마비로 돌아가신 지 수년이 지났다고 했다. 순간 찬바람이 가슴을 뚫고 지나갔다. 세월이 갈수록 반세기도 더 지난 짧은 과외가 점점 크게 다가온다.

힘 빼기

참 어렵다. 마음 같지가 않다. 심호흡하고 천천히 다시 해도 같은 소리만 나온다. 가르치고 배우는 사람 모두가 답답하기는 마찬가지다. 끝 모르고 높아지던 언성도 시간이 갈수록 소금에 절인 배추처럼 풀이 죽는다. 무슨 일이든 지나치게 힘이 들어가면 순리대로 되지 않는다.

판소리는 목이 긴장되면 안 된다고 했다. 그 말이 무슨 뜻인지도 몰라 작은 소리를 냈다가 혼이 났다. 북만 대하면 어떤 음역이든 마음대로 넘나드는 통성을 내려고 소리를 질러댔다. 긴장한 탓인지 상청에만 가면 성대 근육이 뻣뻣해져 엉뚱한 소리가 터져 나온다. 애잔하고 애절한 진양조장단은 힘을 빼야 가사의 이면을 나타낼 수 있다는 말을 수없이 들었지만, 오래도록 화두로만 남았다. 자칫 무리하다가 목을 버리겠다는 생각이 들어도 조급한 마음을 누르지는 못했다.

테니스를 배울 때도 그랬다. 힘 빼는데 삼 년이라고 했다. 상대방 동작을 주시하며 이리저리 몸을 흔들어도 실수 연발이었다. 날아오는 공을 보고 움직이면 체중을 지탱하고 있던 다리 근육이 잘 움직이지 않아 공을 맞히기도 힘들었다. 경직된 상체를 좌우로 흔들며 근육을 풀어도 언제나 반 박자 늦었다. 충분히 칠 수 있도록 천천히 넘겨줘도 쓸데없이 허둥대는 바람에 엉뚱한 곳으로 보냈다. 하다 보면 기회가 올 때가 있어도 성급하게 달려들거나 한풀이하듯 라켓을 휘둘러 하늘 높이 날려버렸다.

골프는 더하다. 고개를 치켜들거나 멀리 보내겠다는 마음이 앞서는 순간 게임은 끝난다. 어떤 상황이 벌어져도 도를 닦는 심정으로 자신을 달래며 참아내야 공이 쭉쭉 뻗어간다. 늘 자세를 낮추고 평상심을 유지해야 한다는 것을 알면서도 채만 들면 욕심이 생겨 멀리 보내려고 힘껏 휘두른다. 얼마나 어려웠으면 '천고마비'란 말이 생겨났겠는가. 천천히 치되 고개를 들지 말고 마음을 비워야 평소 실력을 발휘할 수 있다는 말이다. 골프에서는 힘 빼는 데 십 년 걸린다고 한다.

얼마 전부터 목소리가 잘 나오지 않는다. 목이 아프더니 쉰 듯

한 목소리마저도 마음대로 낼 수가 없었다. 말을 할 때도 너무 힘들어 결국 병원을 찾아갔다. 내시경 검사를 마친 의사는 별것 아니라는 듯 약을 처방해주며 또 오라고 했다. 금방 나을 것같이 대수롭잖게 말하는 의사의 지시대로 미지근한 물로 자주 목을 적시고 열심히 약을 챙겨 먹어도 전혀 차도가 없다. 갈 때마다 좋아지고 있다고 했지만, 통증은 점점 더했다. 다른 병원을 찾아갔다. 내시경 검사를 마친 의사는 성대 근육에 문제가 생겼다고 했다.

겁이 덜컥 났다. 소리 공부를 중단했다. 단전에 힘을 주지 않으면 대화를 이어가기도 어려울 정도가 되었다. 혼자 연구실을 지킬 때는 문제가 없어도 중요한 회의에 참석하면 애를 먹었다. 다행히 마스크 덕에 잘 넘어갔지만, 전화할 때는 들릴 듯 말 듯한 쉰 목소리가 자꾸 끊어졌다. 다시 노래를 시작한다면 절대 무리하지 않겠다고 다짐하며 참고 견디는 중이다.

힘이 화근이 될 때가 많다. 잘 사용하면 더없이 유용하지만 무리하면 낭패를 본다. 평생 소리와 씨름하는 명창들도 공연 시간이 다가오면 힘 빼고 목을 푸느라 진땀깨나 흘린다. 몸을 사용하는 음악이나 운동만 그런 것이 아니다. 장작을 패고 도리깨로 곡식을 터는 농부나 돌을 다듬고 쇠를 다루는 장인도 마찬가지다. 힘자랑하느라 함부로 나대거나 도구를 무리하게 다루다간 돌이킬 수 없는 상처를 입고 일도 망친다. 무슨 일이든 자연의 법칙에 나타낼 수 있다는 말을 수없이 들었지만, 오래도록 화두로만 남았다. 자칫 무리하다가 목을 버리겠다는 생각이 들어도 조급한 마음을 누르지는 못했다.

테니스를 배울 때도 그랬다. 힘 빼는데 삼 년이라고 했다. 상대방 동작을 주시하며 이리저리 몸을 흔들어도 실수 연발이었다. 날아오는 공을 보고 움직이면 체중을 지탱하고 있던 다리 근육이 잘 움직이지 않아 공을 맞히기도 힘들었다. 경직된 상체를 좌우로 흔들며 근육을 풀어도 언제나 반 박자 늦었다. 충분히 칠 수 있도록 천천히 넘겨줘도 쓸데없이 허둥대는 바람에 엉뚱한 곳으로 보냈다. 하다 보면 기회가 올 때가 있어도 성급하게 달려들거나 한풀이하듯 라켓을 휘둘러 하늘 높이 날려버렸다.

골프는 더하다. 고개를 치켜들거나 멀리 보내겠다는 마음이 앞서는 순간 게임은 끝난다. 어떤 상황이 벌어져도 도를 닦는 심정으로 자신을 달래며 참아내야 공이 쭉쭉 뻗어간다. 늘 자세를 낮추고 평상심을 유지해야 한다는 것을 알면서도 채만 들면 욕심이 생겨 멀리 보내려고 힘껏 휘두른다. 얼마나 어려웠으면 '천고마비'란 말이 생겨났겠는가. 천천히 치되 고개를 들지 말고 마음을 비워야 평소 실력을 발휘할 수 있다는 말이다. 골프에서는 힘 빼는 데 십 년 걸린다고 한다.

얼마 전부터 목소리가 잘 나오지 않는다. 목이 아프더니 쉰 듯

한 목소리마저도 마음대로 낼 수가 없었다. 말을 할 때도 너무 힘들어 결국 병원을 찾아갔다. 내시경 검사를 마친 의사는 별것 아니라는 듯 약을 처방해주며 또 오라고 했다. 금방 나을 것같이 대수롭잖게 말하는 의사의 지시대로 미지근한 물로 자주 목을 적시고 열심히 약을 챙겨 먹어도 전혀 차도가 없다. 갈 때마다 좋아지고 있다고 했지만, 통증은 점점 더했다. 다른 병원을 찾아갔다. 내시경 검사를 마친 의사는 성대 근육에 문제가 생겼다고 했다.

겁이 덜컹 났다. 소리 공부를 중단했다. 단전에 힘을 주지 않으면 대화를 이어가기도 어려울 정도가 되었다. 혼자 연구실을 지킬 때는 문제가 없어도 중요한 회의에 참석하면 애를 먹었다. 다행히 마스크 덕에 잘 넘어갔지만, 전화할 때는 들릴 듯 말 듯한 쉰 목소리가 자꾸 끊어졌다. 다시 노래를 시작한다면 절대 무리하지 않겠다고 다짐하며 참고 견디는 중이다.

힘이 화근이 될 때가 많다. 잘 사용하면 더없이 유용하지만 무리하면 낭패를 본다. 평생 소리와 씨름하는 명창들도 공연 시간이 다가오면 힘 빼고 목을 푸느라 진땀깨나 흘린다. 몸을 사용하는 음악이나 운동만 그런 것이 아니다. 장작을 패고 도리깨로 곡식을 터는 농부나 돌을 다듬고 쇠를 다루는 장인도 마찬가지다. 힘자랑하느라 함부로 나대거나 도구를 무리하게 다루다간 돌이킬 수 없는 상처를 입고 일도 망친다. 무슨 일이든 자연의 법칙에 따라 순리대로 처리해야 한다. 그것이 서로 상처 주지 않고 동행할 수 있는 지름길이다.

　날이 갈수록 목에 힘주는 무리가 늘어난다. 그것도 모자라 깁스를 하고 눈을 부라린다. 하릴없이 권력 주변을 서성대다 콧김만 스쳐도 독버섯같이 뿌리를 내린다. 비록 지옥행 열차라 해도 포기하지 않고 호가호위하며 자신들만의 세력을 넓혀간다. 동서고금을 통해 그렇지 않은 적은 없지만, 지금처럼 심한 적은 없었던 것 같다. 깜냥도 못되면서 영웅호걸을 흉내 내고 무슨 보스나 된 듯이 거들먹거린다. 그들은 권력의 축이 바뀌면 언제 그랬냐는 듯이 금세 돌아선다.

　혼탁한 세상일수록 힘을 빼야 살아남는다. 사막을 빠져나오려면 차바퀴 바람부터 빼야 하듯 난세에는 자신을 낮춰야 한다. 날마다 거울 앞에 서 보지만 말처럼 쉽지가 않다.

제4장

마지막 그림

집에 가자
마지막 그림
묘박지에 피는 꽃
라면과 수제비
봉창
청심헌 반시
억새꽃
한여름 분갈이
허청虛廳
형제의 무대

집에 가자

"집에 가자."

잘 노나 싶었는데 손녀가 혼잣말처럼 툭 내뱉는다. 아들과 며느리가 없을 때 갑자기 울거나 징징 짜는 목소리로 떼를 쓰면 속수무책이다. 얼른 장난감을 손에 쥐어 주고는 화분에 핀 사랑초 꽃을 꺾어다 비위를 맞추려 애를 쓴다.

아들 내외가 손녀를 맡겨 놓고 영화를 보러 갔다. 아이 키우는 동안 영화관에 간 적이 거의 없다는 말에 아내가 흔쾌히 허락했다. 유난히 영화를 좋아하는 아들과 며느리의 첫 부탁이라 박절하게 거절할 수가 없었던 것 같았다. 나도 동조는 하지만 워낙 아기 보는 데는 젬병이라 아무 말도 하지 않았다. 허락받자마자 감기 끝이라며 약 먹이는 방법과 가려야 할 음식을 신나게 설명했다. 저렇게 꾸물대다 눈이라도 마주치면 못 갈 수도 있는데 싶었다. 살금살금 현관으로 가다가 다시 들어와 쓰레기 버리러 간다는 말을 남기고 문을 나섰다.

 지난여름 일이 생각나자 걱정이 긴장으로 바뀌었다. 코로나다 뭐다 해서 여행은 고사하고 외출도 삼가던 때였다. 그래도 좋은 추억 하나 만들자는 아들 의견을 좇아 경주에 갔다. 먼저 도착해 일정을 점검하는 중에 아들 차가 주차장으로 들어왔다. 반가운 마음에 제일 먼저 손녀에게 다가갔다. 그때부터 문제가 발생했다. 집에서는 억지로라도 잘 안기더니 그날은 무슨 이유인지 근처에도 오지 않고 마구 울어댔다. 당황한 며느리가 달래봤지만 허사였다. 할 수 없이 모르는 사람처럼 떨어져 다녔다. 음식점에서는 더했다. 별도 방을 예약했지만, 어찌나 울어대는지 아들 내외는 안절부절못했다. 달랜다며 밖으로 데리고 나갔는데 한참을 기다려도 들어오지 않았다. 나가보니 모두 땀범벅이었다. 누구도 차려진 음식을 제대로 먹지 못하고 결국 헤어졌다.

 눈을 뗄 수가 없었다. 한동안 이 방 저 방을 기웃거리더니 초등학교 운동회처럼 있는 힘을 다해 뛰어다녔다. 넘어질 듯 비틀거려도 유리나 벽은 잘도 피해 다녔다. 오랜만에 집안에 활기가 넘쳤다. 기운이 빠지자 가을 햇살이 가득한 베란다에서 놀았다. 끊임없이 혼잣말을 대화하듯 내뱉었다. 까칠한 관음죽과 매끄러운 고무나무 잎을 만지며 사물에 대한 촉감도 익히는 것 같았다. 얼마 지나지 않아 거실로 들어왔다. 깔아 놓은 이불에서 혼자 몇 바퀴 뒹굴더니 뜬금없이 뱉은 말이었다.

순간 아버지 얼굴이 떠올랐다. 오랜 세월 당뇨가 있었지만, 절제된 식단과 꾸준한 운동으로 수십 년 동안 큰 문제가 없었다. 늘 긍정적인 사고로 생활하시고 책을 가까이하는 분이라 크게 염려하지도 않았다. 하지만 세월에 장사가 없다고 산수(傘壽)에 접어들자 기력이 급격하게 떨어져 급기야 쓰러지셨고 응급실로 갔다. 의사는 뇌출혈이라 하면서 수술을 할지 말지를 빨리 결정해 달라고 했다.

형제들이 모여 의논했다. 사진을 다시 보며 전문가의 의견도 들었다. 경험이 많아 보이는 한 분이 조심스럽게 말했다. 연세가 많아 수술은 위험하다며 출혈이 적어 시간이 지나면 깨어날 수도 있다고 했다. 며칠 지나자 빠르게 회복되었으나 이전의 모습이 아니었다. 한동안 집과 병원을 오가며 치료를 했지만 별 차도가 없었다. 하루가 다르게 체력도 기억도 줄어들었다. 어머니 혼자 감당할 수 없어 결국 다니던 병원에 다시 입원했다.

어머니는 매일 출퇴근했다. 무릎이 아파 걷기도 어려웠지만 해만 뜨면 병원을 찾았다. 날마다 아버지가 좋아하는 음식을 준비했다. 고개를 저으며 먹지 않겠다는 음식을 어린애 다루듯 억지로 한 숟갈씩 떠 날랐다. 가 봐야 별 도움도 안 된다고 하면서도 관성으로 오갔다. 회혼을 훌쩍 넘긴 나이에 다시 병상을 지켰다. 여름 장맛비처럼 길게 이어지던 할아버지 할머니의 병시중이 끝난 지 그리 오래지 않았지만, 자식들 앞에서는 한 번도 불평한 적이 없었다.

병세는 날이 갈수록 더 위중해져 갔다. 매주 형제들이 몰려갔지만, 아무런 도움도 되지 못했다. 문병 시간도 잠시였다. 병상에 둘러서서 아버지와 주고받는 잡담 몇 마디가 전부였다. 휴일에 잠시 들렀다가 돌아가면 다음 일요일까지 병실은 침묵에 싸였다. 언제부턴가 혼자 떠들어대는 TV도 켜지 않고 좋아하는 음식은 물론 화색 띠며 반기던 옛이야기에도 반응이 없었다. 인사를 하면 겨우 눈만 떴다가 다시 감았다. 다음 주말에 또 오겠다며 하직 인사를 했을 때였다. 나직한 목소리가 뒤통수를 내리쳤다.

"집에 가자."

마지막 그림

어린 상주가 오지랖 흙을 붉은 명정 위에 쏟는다. 싸락눈 같은 황토가 눈물과 뒤섞여 투두둑거리며 목관을 두드린다. 공명을 일으키던 소리가 점차 둔탁해지자 널을 덮고 있던 망자의 이름이 흙더미 속으로 사라진다. 산역꾼의 숨소리가 거칠어지자 붉은 봉분이 모습을 드러낸다.

핑계 없는 무덤이 없다는 말이 있다. 사고나 병으로 죽어도 사연이 있고 천수를 누리고 가도 할 말이 있다. 사람에 따라 차이는 있지만 나름대로 아픔을 품고 살다가 간다. 순풍에 돛 단 듯이 세상을 쉽게 산 자가 얼마나 되겠는가. 뭉툭한 마디가 거센 바람에도 대나무를 지탱해주고 아무리 단단한 금강송도 삭정이가 떨어진 자리마다 옹이를 만든다. 곳곳에 남아 있는 고통의 흔적이 굴곡진 무늬를 만들지만, 망자는 고통과 번뇌로 점철된 삶의 흔적을 모두 안고 떠나간다.

봉분은 크지도 화려하지도 않았다. 헝겊을 덧댄 것처럼 뗏장이 드문드문 어설프게 붙어 있었다. 아까운 나이에 죽은 젊은이의 무덤을 꽃무덤이라 하지 않던가. 주검의 흔적을 남기지 않는 풍장이나 수장도 있지만, 남은 자들의 가슴을 파고드는 절명이라 작은 봉분이라도 남겨야 했다. 더러 동산처럼 큰 봉분을 만들고 화려한 석물을 세워 생전의 권력과 명예를 죽어서도 유지하려는 것과는 확연히 달랐다. 한 평도 안 되는 작은 구덩이에 들어가면 돌아올 수 없다는 섭리를 아는지 작고 아담하게 만들었다. 형님의 묏등 앞에는 유려한 필체의 비석이나 눈에 잘 띄는 석물 대신 이름 석 자가 뚜렷이 새겨진 상돌 하나만 놓았다.

큰형님은 유년 시절을 힘들게 보냈다. 밀려오는 질곡의 세월을 온몸으로 부딪치며 스스로 십자가를 졌다. 껍데기만 남은 집안의 맏손자는 할 수 있는 게 별로 없었다. 아버지가 타관 객지를 전전할 때 할아버지를 따라 농사일을 배운 것이 전부였다. 일손만큼 전답이 많지 않아 농한기에는 가마니를 짜고 돼지와 닭을 키웠다. 어린 나이에 농사를 짓고 가축을 키우며 또래 친구들보다 열심히 일했다. 눈썰미가 좋아 한번 본 것은 비슷하게 만들 정도로

손재주도 좋았다.

한동안 부업에 전념했다. 어린 동생들은 물론이고 안방을 지키는 할머니까지도 바쁘게 맡은 일을 열심히 했다. 밖에서는 채소와 과일 농사를 짓고 집안에서는 새끼를 꼬고 가축의 먹거리를 준비했다. 온 가족이 밤낮으로 일했지만, 수입은 변변치 않았다. 어느 날 형님은 어렵게 합판 공장에 취직됐다며 도시로 나갔다. 식구들의 기대가 무거웠는지 도시 생활의 적응이 어려웠는지 얼마 지나지 않아 큰 가방 하나를 들고 되돌아왔다. 정착할 만하면 다시 도시로 나가는 삶이 한동안 반복되었다.

장손은 정해져 태어난다는 말이 있다. 길마나 멍에처럼 감당할 수 없는 굴레를 쓰고 끝없이 가야 하는 무거운 자리다. 무거운 짐을 벗으려고 애를 쓰면 쓸수록 몸과 마음의 상처만 커진다. 알지만 순순히 받아들이기에는 힘겹고 답답해 틈만 나면 발버둥 치지만 벗어나지는 못한다. 거미줄처럼 얽혀 있는 친척 간의 갈등이 가슴을 옥죄며 밀려와도 받아들이고 삭히며 살아간다.

큰형님은 그토록 원하던 공무원이 되었다. 직급이 올라가고 안정적인 삶도 자리를 잡는가 싶더니 어느 날부터 조금만 움직여도 고통스러워했다. 몸에 좋다는 보약과 음식을 장복해도 별 차도가 없었다. 동네 병원을 다 돌아다녀도 특별한 병명은 없었다. 점점 기력이 떨어지고 붉은 반점이 돋아나도 땀띠 정도로 생각했다.

무관심 속에 병은 깊어만 갔다. 결국, 큰 병원에서 정밀 검사를 받았다. 믿을 수 없는 결과에 모두가 할 말을 잃었다.

부모님은 장남이 암이라는 사실을 몰랐다. 형제들이 쉬쉬하며 말하지 않았지만 얼마 지나지 않아 본능적으로 알아차렸다. 그때부터 아버지와 어머니의 삶도 병들어갔다. 사람의 힘으로 낫게 할 수 있는 병이 아니라는 것을 알았는지 아픈 다리를 이끌고 신神을 향해 무릎을 꿇었다. 아들만 낫게 해준다면 부처님도 예수님도 상관없었다. 날마다 장독대 정화수에 비손하고 용하다는 무속인도 찾아다녔다. 제발 좀 아들을 살려달라고 돌아가신 할아버지 무덤 앞에서도 애원했다.

입원과 퇴원을 거듭했다. 해가 바뀌고 무더위가 물러가자 하루가 다르게 나빠졌다. 날이 갈수록 말수가 줄어들었다. 급기야 종이에 글을 써서 소통하는 지경에 이르자 눈 뜨는 것조차 힘들어했다. 큰소리로 몇 번 부르면 마지못해 실눈으로 잠시 바라보다 스르르 눈을 감았다. 꼭두새벽이었다. 병원에서 다급한 전화가 걸려 왔다. 단풍이 만산을 물들이는 늦가을 새벽 긴 투병 생활을 마감했다. 병상 머리맡 노트에는 울긋불긋한 단풍나무가 병풍처럼 둘러서 있고 앞에는 조각배 하나가 덩그렇게 떠 있는 바다가 그려져 있었다.

봉분이 만들어지고 평토제를 준비하고 있을 때였다. 중절모를 쓴 한 노인이 무덤을 향해 걸어오고 있었다. 아버지였다. 장지의 모든 시선이 그쪽을 향했다. 며칠 동안 식음을 전폐한 초췌한 얼굴에는 무심한 수염이 허옇게 자라 있었다. 언제나 똑바른 자세로 흔들림 없이 걷던 아버지의 걸음이 비틀거렸다. 얼른 달려가 부축하고 싶었지만 엄숙한 분위기가 그렇게 하지 못하게 했다. 아버지는 꼼짝 않고 서 있는 상주나 백관들을 스치듯 지나 무덤 앞에 섰다.

평토제는 산에서 지내는 마지막 제사다. 이승에 왔다가 다시 흙 속으로 돌아간 망자에 대한 하직 인사를 올리는 의례다. 조문객이 돌아가고 봉분이 형태를 나타내는 저녁 무렵에야 백관들이 조촐하게 상을 차린다. 마지막 절차의 제사상 앞에는 오열도 곡소리도 침묵 속에 묻히고 모두가 조용히 엎드린다. 한쪽에서는 벌써 뒷정리가 시작된다. 제가 끝나면 매혼을 하거나 반혼이 이루어지고 묘터에는 봉분을 다듬는 산역꾼만 남는다.

장남과 마지막 작별이었다. 까만 중절모 옆에 굵은 뿔테 안경을 벗어두고 목도리를 풀었다. 어설프게 다져진 봉분을 하염없이 내려다보며 묵상에 잠겼다. 하늘로 향하던 향불마저도 움찔거리며 온몸을 뒤틀었다. 가늘게 불던 바람마저 잦아들자 얼어붙은 듯 조용한 장지에는 숨소리조차 들리지 않았다. 말을 하거나 다른 곳으로 시선을 돌릴 수조차 없었다.

집안 어른들이 극구 말렸지만, 무덤을 향해 천천히 땅을 짚고 절을 했다. 한참을 엎드렸다 일어나는 아버지의 눈가에는 물기가 서려 있었다. 너무 일찍 가장이란 굴레를 씌웠던 것에 대한 회한의 눈물이었을까. 말없이 재배를 마치자 휘청거리며 산길을 내려갔다. 형님이 마지막으로 그린 그림처럼 만산홍엽에 산이 물들고 먼 동해에는 배 한 척이 한가로이 떠 있었다.

즐거움만 있는 삶은 어디에도 없다. 옹이가 없으면 목리木理를 만들 수 없듯이 고통이 없으면 진정한 희열도 없다. 현실에 급급하다 보면 상처가 쌓여 굳은살이 되는 줄도 모르고 가슴을 짓누르며 살아간다. 선인들은 인연을 많이 만들지 말라 했지만, 그것 또한 마음대로 되지 않는다. 오고 싶어 온 사람이 없듯이 가고 싶어 가는 사람도 없다. 바다에 모이는 강물처럼 돌아가는 곳은 같아도 그곳이 어딘지는 알 수가 없다.

산비둘기가 절규하듯 꽃무덤을 향해 울음을 운다. 가을바람에 후드득 단풍잎이 떨어지자 먼바다의 큰 배도 어디론가 떠나간다.

묘박지에 피는 꽃

 버려진 섬처럼 널브러져 있다. 닻을 내린 채 접안 순서를 기다리며 휴식을 취하느라 꿈쩍도 하지 않는다. 먼 길을 돌아온 배는 사력을 다한 마라톤 선수처럼 누구의 시선도 의식하지 않고 지친 몸을 바다에 뉜다. 언제부터 정박하고 있었는지도 알 수 없는 대형 화물선 쪽을 향해 바지선 한 척이 힘겹게 다가간다.
 배는 암초에 뿌리를 내렸다. 가끔 파도가 철썩거려도 본체만체한다. 간을 보듯 부딪치던 물결도 제풀에 지쳤는지 이내 잦아든다. 잔물결에도 들썩거리는 작은 배와 달리 드물게 항구를 드나드는 큰 배가 만든 너울이 힘차게 밀려와도 수문장처럼 제자리를 지킨다. 탯줄을 자르고 세상에 첫발을 내디딘 안태본 조선소가

멀리 보여도 가만히 바라볼 뿐 말이 없다.

묘박지錨泊地는 닻을 내린 배들이 머무는 곳이다. 여객선이나 소형 선박은 접안 시설을 사용하지만, 대형 선박은 가까이 다가가지 못한다. 대형 유조선이나 화물선은 먼 곳에서 별도의 하역 설비나 바지선을 통해 선적하고 하역할 때가 많다. 큰 배가 머무는 곳은 충분한 면적과 수심은 물론 갈고리를 잡아 줄 수 있는 견고한 암초도 있어야 한다. 방향과 위치를 알려 주는 등대나 부표는 기본이고 무엇보다 파도가 사납지 않아야 작업이 순조롭다. 비좁고 얕은 부두는 밤낮없이 바쁘게 북적대는 곳이라 정박지에서 기관을 수리하고 연료를 채우기도 한다.

정착하는 것은 아니다. 무작정 오래 머무르지도 않는다. 집을 짓고 새끼를 키우다 때가 되면 훌쩍 떠나는 제비처럼 출항 준비가 끝나면 가뭇없이 떠난다. 생사기로에서 헤맬 때마다 다시는 배를 타지 않겠다고 다짐해도 기력이 회복되기도 전에 바닷가에 나와 출항 일정을 살핀다. 온갖 난관이 기다리고 있는 줄 알면서도 가족의 얼굴을 떠올리며 승선한다. 날마다 수평선을 바라보며 어둠과 박명을 맞이하고 보내다 보니 와글거리는 좁은 공간, 삶에 지친 뭇사람들의 표정, 날마다 반복되는 일상이 몸에 배지 않아 도피하듯 바닷길을 나선다.

오랫동안 몸담았던 회사는 부두를 갖고 있었다. 수심이 얕고 접안 시설이 턱없이 작아 대형 화물선은 들어올 수가 없었다. 날마다 들락거리는 수천 톤의 철강을 바지선이 운반했다. 바다를 건너왔든 아니든 가공이 끝나면 다시 물길을 따라 어디론가 떠나갔다. 덕분에 가난하고 힘들었던 시절 국내 최초로 일억 불 수출탑을 두 번이나 수상하기도 했다. 산업의 쌀이라 불리던 강철을 가득 실은 무동력 바지선이 자맥질하듯 천천히 나갔다가 엉덩이를 흔들며 들어올 때마다 달러도 따라 들어왔다.

틈만 나면 콘크리트 방파제에 나갔다. 먼바다에는 크고 작은 배들이 정박하고 있었다. 어디서 왔다가 어디로 가는지 늘 궁금했다. 일이 늦게 끝나거나 숙직하는 날은 저녁에도 나갔다. 간단없이 밀려드는 파도 소리를 벗 삼아 서산 그림자가 바다에 빠져들기를 기다렸다. 반대편 산기슭에 따개비처럼 붙어 있는 산동네가 검게 변하고, 핏빛 노을마저 서산을 넘어가면 갈매기들은 지친 날개를 퍼덕이며 어둠 속으로 사라졌다. 종일토록 바닷속 열명길을 들락거리던 해녀들도 마지막 숨비소리를 남기고 테왁을 챙겨 뭍으로 올라왔다.

어둠이 내리면 바다에는 붉은 꽃이 피었다. 밤에만 핀다는 달맞이꽃처럼 슬며시 피어났다. 샛별처럼 모습을 드러낸 불빛은 물결이 일렁일 때마다 파도에 부서져 흩어졌다. 밤바다에 어둠이 짙게 깔리면 곳곳을 밝히는 희미한 전등불은 흐트러진 별자리가 되었다. 오징어잡이 배처럼 지나치게 밝지도 않고 유람선같이 화려하거나 눈부시지도 않았다. 겨우 자신의 존재만 알려주는 울밑에 핀 봉숭아처럼 언제나 이별의 처연함이 녹아 있었다.

새벽이면 여명과 함께 꽃이 사라졌다. 붉은 태양이 치솟는 일출보다 국적조차 알 수 없는 배들이 밤을 새운 묘박지에 먼저 눈이 갔다. 어둠이 걷히고 안개마저 제자리로 돌아가면 물위를 날던 갈매기도 선체에 앉아 깃털을 매만졌다. 밤새 누가 떠났고 들어왔는지를 살폈다. 나그네의 휴식처 같은 그곳에는 상처투성이의 풀이 죽은 배도 있고 금의환향한 듯 의기양양한 자태를 뽐내는 선박도 있었다. 가끔은 수많은 병사를 갑판에 도열시킨 잿빛 전함이 정박지를 헤집고 으스대며 들어왔다. 어떤 모습으로 나타나든 정해진 시간이면 모두가 떠나갔다.

떠난다는 것은 쉽지가 않다. 구도의 길을 걷는 수행자도 한 번쯤은 망설인다. 안정되고 익숙한 삶을 팽개치고 불안하고 힘든 길을 선택하려면 많은 것을 내려놓아야 한다. 사무치게 파고드는 연을 과감하게 떨쳐내지 않고는 한 걸음도 떼지 못한다. 육지가 시야에서 사라질 때마다 가슴을 파고드는 가족의 얼굴은 늘 서럽게 다가온다. 갖가지 사연들을 가슴에 담은 채 소박한 꿈을 향해 나아간다. 많은 것을 바라거나 특별한 삶을 기대하지 않아도 어느 것 하나 녹록지가 않다.

큰형님도 배를 타려고 했다. 보릿고개에서 해방되려는 몸부림이었다. 전쟁의 상흔이 곳곳에 남아 있던 그때는 변변한 공장도 일자리도 없어 의식주 해결도 힘들었다. 온 식구가 죽을힘을 다해 농사를 지어봐야 입에 풀칠도 힘들었다. 전쟁 중인 베트남 건설 현장이나 두더지처럼 석탄을 캐는 독일 광부를 선호했지만, 기회가 주어지지 않아 외항선 마도로스가 되려고 했다. 하지만 그 또한 조건이 까다로웠다. 가족들의 기대를 한몸에 안고 수년간 노력했지만 원양 어선조차 타보지 못하고 꿈을 접었다.

나도 그런 적이 있다. 열사의 나라 중동 건설 현장의 용접공이 되기로 마음먹었다. 얼마나 열악한 환경인지 어떤 나라인지도 잘 몰랐다. 기울어 가는 집안을 일으켜 세우려는 생각뿐이었다. 일년 동안 새벽부터 늦은 밤까지 오직 용접기 앞에만 앉아 있었다. 쇠를 녹이면서 발생하는 가스에 정신이 혼미해지고 이마에서 흐른 땀이 뜨거운 쇳덩이에 떨어져 소리를 질러도 생명줄이라 생각하고 용접기는 꼭 잡고 있었다. 어쩌다 화상을 입고 물집이 생겨도 반창고만 바르고 용접봉을 태웠다. 조선소 앞바다에 정박한 배들을 바라보며 날마다 희망에 부풀었다. 이따금 배를 타고 먼 바다로 나가는 꿈도 꾸었지만, 누군가의 말 한마디에 한낱 허상이 되었다. 열 배의 임금도 가족들의 희망과 꿈도 일시에 무너져 내렸다. 유난히 바닷바람이 세차게 몰아치는 그해 겨울, 붉은 꽃이 조선소 바다에 피어나는 저녁 무렵에 시내버스에 몸을 실었다.

수년이 지나 묘박지의 선체에 올랐다. 지난날 그렇게 타고 싶었던 큰 배였다. 가까이 갈수록 절벽처럼 다가왔다. 파도가 칠 때마다 그네처럼 흔들리는 줄사다리를 잡았다. 발을 옮기려고 할 때마다 흔들리는 바람에 외줄타기 유격 훈련을 받을 때보다 더 떨렸다. 거미처럼 잽싸게 올라간 선원들의 도움을 받아 겨우 갑판에 올랐다. 일만 톤 미만의 화물선이었지만 멀리서 볼 때와는 전혀 딴판이었다. 기관실부터 식당 휴게실까지 돌아보고 갑판에 올라서니 멀리 보이는 십만 평의 회사 건물도 모형처럼 보였다. 분주하게 오가던 선원들이 제자리를 잡자 힘찬 스크루 소리와 함께 배가 움직였다.

배는 흔적을 남기지 않았다. 아무리 오래 머물러도 마찬가지였다. 암초처럼 먼발치에 있든 앞산을 가릴 정도로 앞에 있든, 잠시 머물렀든 몇 달 동안 정박했든 떠나면 그만이었다. 누가 얼마나 정박했는지 누구도 입에 올리지 않고 기억도 하지 않았다. 그냥 스치듯 지나가는 바람처럼 망막에 비쳤을 뿐 언제 어떻게 떠났는지 어디로 갔는지 아무도 관심이 없었다.

사람도 쉼 없이 떠다니지만, 관성에 의해 궤도를 따라 돌고 돈다. 원하는 학교나 직장을 찾아가고 시대의 물결에 떠밀려가도 이야깃거리일 뿐이다. 생각지도 못한 곳으로 빠져들어 갈등과 고통으로 밤을 새워도 그러려니 할 뿐이다. 학교의 선택, 성적 관리와 직업 선택, 결혼과 육아, 내 집 마련과 노후 걱정 등 알고 보면 모두가 자신만의 문제이다. 혼자서 힘들어하고 아파하며 밤새 가슴을 쥐어뜯어도 결국 자신의 문제일 뿐이다.

세상 만물은 한곳으로 돌아간다. 약간의 시차는 있을지언정 다른 길이 없다. 후세에 이름을 남기려 야단법석을 떨어도 그 또한 부질없는 짓이다. 자신만의 만다라를 찾아 구름처럼 떠다니는 수행자들도 늘 생사의 경계를 넘나들며 번민에 허덕이지만, 그 또한 마찬가지다. 묘박지를 들락거리는 거대한 선박도 언젠가는 붉은 녹이 되고 바람이 되어 본래의 자리로 돌아간다.

바다는 딱히 누구를 기다리지 않는다. 찾아오면 받아주고 떠나도 미련 두지 않는다. 지금도 묘박지에는 크고 작은 붉은 꽃들이 끊임없이 피고 진다. 이 땅에 잠시 머물렀다 떠나는 사람들처럼.

라면과 수제비

대문을 들어서자 작약이 먼저 반긴다. 며칠 전부터 기다렸다는 듯 곱게 단장하고 활짝 웃는다. 탐스러운 꽃송이를 감당하지 못할 정도로 많이 핀 적도 있지만 몇 해 전부터 잎도 나지 않아 생명이 다한 줄 알았다. 손바닥만 한 밭뙈기 상추도 인기척에 놀란 듯 일제히 고개를 치켜든다. 지난겨울 거름을 듬뿍 주었더니 땅이 보이지 않을 정도로 무성하다.

집 안은 이미 떠들썩하다. 먼저 도착한 동생들과 조카들이 창문을 활짝 열고 반갑게 맞는다. 준비해 간 김밥을 먹자마자 조카들이 타 온 커피를 마시며 오늘 해야 할 일을 설명하고 역할을 정했다. 담장에 페인트를 칠하는 조와 굴뚝을 부수고 방고래를 뚫는 조로 나누고 막내와 누님은 방 청소와 책장 등을 정리하고 점심을 담당하기로 했다. 늘 그랬듯이 임무를 부여하고 관리 감독하는 작업반장이 되어 공구와 재료를 분배하고 일사불란하게 진행될 수 있도록 이쪽저쪽을 기웃거렸다.

문제는 굴뚝 공사였다. 언제부턴가 불이 잘 들지 않고 밖으로 밀려 나오는 바람에 아궁이에 불을 지필 수가 없었다. 재를 퍼내고 안을 들여다봐도 별다른 대책이 없어 굴뚝 앞에서 한동안 서성댔다. 일단 부수고 고래를 들여다보기로 했다. 비좁은 공간이라 시멘트 블록을 깨는 작업부터가 난공사였다. 긴 대나무로 아궁이와 굴뚝을 수도 없이 쑤셔댔지만, 불만 지피면 굴뚝으로 가야 할 연기가 쏜살같이 아궁이로 몰려나왔다. 아무리 부채질해도 비웃기라도 하듯 바로 불길을 토해냈다. 반복되는 작업에 모두가 지쳐갈 무렵 굴뚝에서 연기가 살포시 피어났다.

담장 덮개를 칠하는 작업도 어려웠다. 팔순이 얼마 남지 않은 자형과 이순을 넘긴 동생의 꼼꼼한 성격 때문에 생각보다 훨씬 더뎠다. 하얗게 피어난 백화와 흙먼지를 제거하고 작은 붓으로 구석구석까지 칠하다 보니 붓놀림이 빠를 수가 없었다. 사다리를 사용하는 높은 부분에서는 더 느려도 재촉하지 못하고 지켜만 봤다. 붓이 지나가자 떨어져 나가고 파인 부분이 말쑥하게 단장되었다. 담 지붕만 칠했는데도 몇 달 만에 목욕하고 머리

깎은 부잣집 선머슴처럼 전혀 다른 모습이 되었다.

점심은 라면이었다. 그냥 라면이 아니라 밭에서 방금 가져온 부추와 꽃게가 들어간 특식이다. 이미 실력은 인정받은 주방장이지만 이번에는 콩나물이나 버섯 대신 새벽 시장에서 사 온 꽃게까지 넣었다며 막내가 너스레를 떤다. 열유체를 전공한 공학박사답게 물의 온도와 면발의 탄성에 대한 강의도 빠지지 않는다. 특별히 준비한 뚝배기에 가득 담긴 오동통한 면발 사이로 치솟은 하얀 꽃게 다리가 식욕을 돋운다. 모두가 장정이라 먹는 게 아니라 빨아들인다. 주방장이 돌아다니며 잽싸게 빈 그릇을 채워주다 보니 두 솥이 금세 바닥났다.

유년 시절의 여름이 생각난다. 마당에 펼쳐 놓은 멍석에 열 식구가 앉았다. 논일을 마치고 들어온 할아버지와 형님이 먼저 자리를 잡으면 밭일과 소 먹이러 갔던 아이들도 밥상을 중심으로 모였다. 할아버지 상에는 식은밥과 수제비가 동시에 올라가도 아이들은 무조건 양푼과 사기그릇에 넘칠 듯 담긴 수제비가 배달되었다. 애호박과 감자 부추 등이 들어간 수제비는 미처 식기도 전에 빈 그릇이 되었고 용암처럼 치솟던 큰 솥도 바닥을 드러냈다. 기본이 두 그릇이고 한 그릇만 먹는 사람은 할머니밖에 없었다. 그때까지 어머니는 자리에 앉지도 못하고 빈 그릇 채워주기에 바빴다.

어머니는 원래 그렇게 하는 줄 알았다. 아무도 챙겨주는 사람이 없어도 불평 한마디 하지 않았다. 국수를 삶았을 때나 추어탕을 끓였을 때도 식구들이 잘 먹는 모습만 보아도 즐겁다며 끝날 무렵에야 먹는 둥 마는 둥 하고 상 치우기에 바빴다. 어떤 때는 밥을 먹었는지도 모를 정도로 식구들의 밥상에만 치중하다 끝날 때도 있었지만 내색하는 법이 없었다. 밤낮 가리지 않고 오직 많은 식구의 먹거리 준비에만 전념했다. 날마다 식성이 서로 다른 할머니와 할아버지의 심사를 거슬릴까 노심초사할 뿐이었다.

일하는 동작이 오전과 사뭇 달랐다. 배가 너무 불러서인지 몸이 지쳤는지 능률이 떨어졌다. 한 시간만 하고 끝낸다고 소리 지르자 조금은 서두르는 모습이 보였다. 굴뚝 공사를 끝낸 정예부대가 페인트를 칠하는 작업에 투입되자 급물살을 탔다. 두 배 이상의 인원이 달려들자 진행 속도가 눈에 띄게 빨라졌다. 게다가 먹구름까지 몰려와 마무리 작업을 독촉했다. 일기예보에는 없던 작은 빗방울이 갑자기 떨어지는 바람에 나머지 부분은 다음에 하기로 하고 얼른 마무리 지었다.

껍질만 남은 집에는 다시 적막이 흐른다. 당분간 찾아올 사람이 없는 줄 아는지 햇살 가득한 마당에는 허락 없이 들어온 바람이 잠시 머물다 잦아든다. 사람들이 썰물처럼 빠져나가자 신바람 난 고양이들이 한바탕 분탕을 치다가 멋쩍은 듯 쳐다본다. 밤마다 내리는 이슬로 단장하는 작약이 이별이 아쉬운 듯 다시 고개를 떨군다. 일 년을 기다렸다 만나는 견우와 직녀처럼 방실거리며 반갑게 맞아주는 장미도 내년을 기약하며 눈길을 돌린다. 햇볕이 들고 바람이 불면 다시 환하게 웃기를 바라며 대문을 닫는다.

만나면 반드시 헤어진다. 약간의 시차만 있을 뿐 하루살이든 사람이든 마찬가지다. 수십억 년 한결같은 궤도를 돌고 있는 천체에 비하면 인간의 삶이야 찰나에 지나지 않는다. 이곳에 터를 잡은 할아버지가 떠나면서 태어나고 자란 아버지와 형님들도 줄줄이 뒤따라갔다. 지난날 복작대며 살았던 기와집도 초가도 세월의 무게를 견디지 못하고 허물어졌고 앞 감나무와 대추나무는 흔적 없이 사라졌다. 좋고 힘들었던 시절의 기억이 희미해져 갈수록 그리움과 아쉬움이 가슴을 헤집는다.

누구에게는 오늘이 또 추억이 된다. 언젠가는 꽃게 라면을 먹으며 떠들었던 순간이 수제비 먹던 날처럼 환영이 되어 겹쳐질 것이다. 오늘 작업한 굴뚝과 담장이 무너지고 없어져도 라면을 먹던 모습만큼은 남는다. 어렵사리 모였던 충문당忠文堂 후손들이 각자 차에 올라 시동을 건다. 나도 차에 오른다.

봉창

    희끄무레한 새벽빛이 창호지를 적신다. 세상을 덮고 있던 어둠이 힘을 잃고 구석으로 밀려난다. 작은 바람도 쉽게 들어갈 수 없는 좁고 답답한 공간에 여명이 밝아온다. 마음대로 들락거릴 수도 없는 작은 방에 날마다 빛을 전하지만 어둠은 앙금처럼 남아 있었다.
    방은 늘 어두침침했다. 방문이 두 개나 있어도 한쪽 벽면을 차지하고 있는 긴 시렁 때문인지 고방처럼 느껴졌다. 머리를 수그려야 겨우 드나들 수 있는 서쪽 문은 어둠이 사라지는 것을 막기라도 하듯 항시 닫혀 있었다. 낮에도 등잔불이 없으면 책을 읽을 수가 없을 정도로 곳곳에 어둠이 고여 있어도 누구 하나 불평하

거나 불편해하지 않았다. 그 방은 토굴처럼 세상 소리가 들리지 않고 어둑어둑함이 깔려 있어야 제격처럼 느껴졌다.

　가끔은 문을 열고 억지로 빛을 채워 보려 했다. 묵은 기운을 몰아내고 새로운 정기를 받으려고 문을 활짝 열어 놓았다. 문틈으로 스며든 매캐한 연기만 겨우 빠져나갈 뿐 어스름은 언제나 제자리에 있었다. 밤마다 등불이나 촛불로 내쫓으려 해도 늘 피해 다니며 기회를 엿보다 때가 되면 자신의 세상으로 만들었다. 언젠가 밝은색으로 도배하고 창호지도 발랐지만, 모두가 허사였다. 저녁노을이 붉게 물들기도 전에 어두움이 짙어졌다.

　봉창은 방문 위쪽에 자리 잡고 있었다. 자세히 보지 않으면 있는지 없는지 모를 정도로 작은 창이었다. 제대로 된 문틀이나 문짝이 붙어 있는 것도 아니고 나무오리나 대오리로 만든 예쁜 문살도 없었다. 신우대 몇 개가 얼기설기 뼈대를 이루는 창은 사각형도 원형도 아니었다. 마치 짜깁기한 벽면처럼 얇은 문종이가 안팎으로 두껍게 발라져 있었다. 해마다 덧칠하듯 한 장씩 덧붙이다 보니 갈수록 퇴색되어가는 황토벽과 구분조차 하기 힘들었다.

　새벽은 봉창을 통해 들어왔다. 어슴푸레한 빛이 손바닥만 한 얇은 종이에 스며들면 밤새 무겁게 짓누르던 검푸른 어둠은 서서히 물러났다. 동이 트기 전부터 방안은 조금씩 밝아졌다. 날마다 어두운 방에 빛을 불러오고 늦게 귀가하는 가족에게 등대가 되어도 알아주는 이는 없었다. 밤이면 흔들리는 홰나무 그림자를 열심히 실루엣으로 만들었다. 바람 부는 날이면 나뭇가지가 신들린 듯 춤을 추다가도 달빛이 교교히 흐르는 밤이면 한 폭의 수묵화가 되었다.

문종이는 반투명이다. 가릴 것은 가리고 보여줄 것만 어렴풋이 보여준다. 뜨거운 햇살도 잔잔한 달빛도 구름에 가린 듯 걸러준다. 방안에서 벌어진 일을 밖에다 내놓지 않듯이 바깥세상에서 벌어지는 일도 함부로 들이지 않는다. 어느 종부의 삶처럼 함부로 발설하거나 옮기지도 않고 평생 눈과 귀를 막고 지낸다.

오랫동안 집안의 희로애락을 지켜보았다. 그곳에서 태어난 자식과 손자들이 시집 장가를 갈 때마다 신방이 되었다. 살아 돌아올지도 모르는 전쟁터에 나가는 아들을 배웅하고 들어온 대주가 그 방에서 남몰래 눈물 흘렸고 일찍 저세상으로 떠난 친정어머니를 생각하며 며느리가 서럽게 울던 곳이었다. 타관 객지로 떠난 남편을 기다리며 밤마다 찾아드는 달빛을 품에 안고 흘리는 젊은 아내의 한 맺힌 눈물이 젖어있는 그곳은 끊임없는 고부 갈등을 말없이 지켜보던 가장의 도피처이기도 했다.

고등학교 다닐 때까지 그 방에서 공부했다. 어둡고 침침한 방에서 책과 씨름했다. 골방이라 앞마당은 물론이고 다른 방과는 딴 세상이었다. 지금 생각해도 공부방으로는 최고였다. 라디오를 틀어 놓고 공부하는 버릇 때문에 밥때가 돼도 데리러 오지 않으면 모를 정도였다. 일부러 조용한 절간에 가서 공부할 필요도 없었다. 잠을 쫓느라 노래를 부르거나 큰소리로 낭독하는 시간을 제외하면 적막만 흘렀다.

　한번 자리 잡은 기억은 잘 지워지지 않는다. 아프고 어둡고 암울했던 것일수록 더 그렇다. 어떤 화려한 화장과 치장으로 덮으려 해도 가슴속 깊은 곳까지 가릴 수는 없다. 아무리 방문을 열어도 어둠이 남아 있듯 상처를 봉합하고 덮을 뿐 뿌리째 캐낼 수는 없다. 답답한 마음을 누르지 못하고 털어내려 하면 할수록 깊이 파고든다. 억지로 없애려고 하면 더 큰 응어리가 되어 숨통을 죄어들 때도 있다. 한번 만들어진 옹이를 평생 품고 사는 나무처럼 지울 수 없는 상처를 가슴에 묻고 살아가는 사람도 있다.

　세상 어디에도 명암이 교차한다. 밝은 곳이 있으면 반드시 어두운 곳이 존재한다. 꽉 막히지도 투명하지도 않은 봉창처럼 조금은 가슴에 담아두고 살아가는 삶이 편하다는 것을 알지만 마음뿐이다. 지금은 고방 같은 방도 누런 봉창도 없다. 삶의 처절한 몸부림과 가족들의 생멸을 지켜봤던 시골 흙집은 숱한 사연과 함께 사라진 지 오래다. 세월이 갈수록 고향은 그곳이 아니라 그때와 그 사람이라던 어느 시인의 말이 점점 더 다가온다. 간혹 그때 그 모습이 생각나면 긴 숨을 몰아쉬며 조용히 눈을 감는다.

청심헌 반시

서늘한 바람이 핏빛을 몰고 온다. 짙은 초록의 두꺼운 감나무 이파리도 진홍으로 얼룩진다. 뜨거운 햇볕과 거친 비바람을 막아주던 잎사귀가 하나둘 떠나자 빨간 감이 파란 하늘에 박힌다. 속살을 훤히 드러낸 홍시가 더는 무게를 견디지 못하고 뚝 떨어진다.

　청도 청심헌淸心軒을 찾아가다 감나무숲을 만났다. 반시盤柹의 고장 매전면에서도 오지인 장연리는 비가 많이 오면 동창천이 범람하는 동네 중에 하나다. 가파른 바위산이 삼면을 에워싼 산골이라 결실의 계절만 되면 찾아오는 태풍에도 피해가 거의 없고 낮과 밤의 기온 차가 심해 감과 대추의 당도가 높기로 유명하다.

한적한 시골길을 한참 동안 달려가도 잘 익은 감들이 주변을 붉게 물들이는 아름다운 광경이 계속되었다.

감나무는 봄만 되면 연록의 새순을 내민다. 마른 듯 거칠한 해묵은 가지에 맺힌 잎눈에서 햇가지와 잎이 사방으로 뻗는다. 감꽃은 매서운 추위가 완전히 물러가기도 전에 보일 듯 말 듯 이파리 뒤에 자리 잡는다. 탄탄한 꽃받침 위에 피어난 우윳빛 꽃잎 속의 열매가 몸통을 불려간다. 봄을 알리는 매화처럼 향기를 뿜어내지도 벚꽃같이 자신의 모습을 천지에 드러내지도 않고 그냥 피어난다. 어머니 치맛자락에 숨어 빼꼼히 내다보다 금세 숨어버리는 아이처럼 바람이 불 때마다 수줍은 듯 넓은 잎사귀 뒤에서 나타났다가 사라지기를 반복한다.

유년 시절 감꽃을 많이 먹었다. 가지에서 떨어진 것이 더 맛있었다. 방금 떨어진 오동통하고 하얀 것보다는 조금은 풀이 죽은 노르스름한 것이 훨씬 달았다. 햇가지 높은 곳에 있는 꽃은 쉽게 딸 수도 없고 손이 닿는다고 해도 억지로 잡아당기면 끄트머리만 떨어졌다. 조심스럽게 한 잎을 따 먹어도 단맛이 덜했다. 감이 익을 때까지 기다리듯 하얗게 이울어져 떨어질 때까지 기다렸다. 신록이 짙어가고 벌 나비마저 떠나가면 저절로 흰 별같이 떨어져 있었다. 그때는 밤새 떨어진 감꽃을 주우려는 아이들이 어두운 새벽 골목에서 서성댔다.

동창천을 건너 동네 입구로 들어서자 가로수처럼 늘어서 있다. 나뭇가지마다 흥부네 아이들만큼이나 매달려 있다. 휘어지고 늘어진 가지는 끈으로 지주목에 매달거나 받침대로 받쳐두었다. 지나치게 열매가 많은 가지는 찢어지거나 금방이라도 부러질 것 같았다. 사방을 둘러싼 산이 없었다면 지난 태풍에 다 떨어졌을 것만 같았다. 불그스레한 저녁노을이 나뭇가지에 내려앉자 하얀 분을 뒤집어쓴 붉은 감이 더욱 탐스럽게 보인다.

　　청심헌 끝자락이 얼핏 보인다. 세상 시름 다 잊고 자연 속에서 지내고 싶다던 동생의 또 다른 거처다. 삼도사촌三都四村을 꿈꾸며 이곳에다 둥지를 튼 지도 십 년째다. 비좁고 꾸불꾸불한 골목을 돌아 앞이 잘 보이지도 않는 언덕배기에 올라서자 허름한 작업복 차림의 촌부가 문을 활짝 열어둔 채 손을 흔든다. 정원이 흠잡을 데 없이 정갈하다. 중학교 일학년 남학생 뒤통수처럼 잘 정돈된 향나무와 단풍나무, 넓은 마당의 잔디와 화초를 보니 온종일 다듬고 치웠겠구나 싶다. 마당 한쪽에는 벌 나비들이 터질 듯 부푼 소국 꽃망울 주위를 분주히 오가고 마디마디 꽃을 피운 박하는 자신의 존재감을 알리려는 듯 짙은 향기를 뿜어댄다.

　　현관 계단을 오르다 불쑥 나타난 반시에 놀랐다. 지난봄에 보이지 않던 가지가 탈진한 듯 축 늘어져 있다. 연약한 가지에 어찌나 열매를 많이 달았는지 탐스럽기보다는 안쓰러워 보인다. 올해 조금 달고 내년에 또 맺으면 될 것을 뭐하러 욕심을 부리는지 기회가 왔을 때 확실하게 잡아야 한다며 모든 것을 쏟아붓는 인간과 다르지 않다. 내일이 없기라도 하듯 저렇게 열매를 맺고 나면 한동안 육신을 추스를 수 있을까 싶다. 아무리 거름을 많이 하고 약을 친다고 해도 해거리를 피하기는 어려울 것 같다.

　담 밑에 자리한 늙은 나무는 다르다. 떨어지는 연시를 받으려는지 두껍고 거친 이파리부터 바닥에 쌓는다. 가지 끝에 매달린 까치밥마저 없었다면 감나무였는지 모를 정도로 녹색 이파리도 단풍잎도 보이지 않는다. 하늘에 뻗친 앙상한 가지에는 씨가 훤히 들여다보이는 홍시 몇 개만 매달려 있다. 사력을 다해 지난봄에도 힘들게 순을 내더니 기력이 다했는지 일찌감치 잎사귀를 떠나보내고 나목이 되었다.

　해마다 조금씩 본래의 모습으로 돌아간다. 잔가지는 정리한 지 오래고 굵은 가지도 많지가 않다. 곳곳에 남아 있는 상흔들이 만만찮았던 역정을 말해준다. 보시하듯 육신을 내어주는 어느 수도승의 풍장처럼 밑둥치에 뚫려 있는 구멍에는 텃새들이 들락거리고 우람한 가지에는 담쟁이가 엉클어져 있다. 기력이 쇠잔하고 육신이 썩어가도 무슨 미련이 남았는지 선뜻 자리를 내주지는 못하고 눈치를 살핀다.

　나이가 들면 할 수 있는 일들이 점점 줄어든다. 투박하고 윤기 없는 감나무같이 끝없이 벗겨지는 각질 속에서 검버섯과 푸른 핏줄만 돋아난다. 떨어지는 낙엽만 봐도 괜히 서러움이 복받쳐 울컥거리기도 한다. 돌아보면 뭐 하나 제대로 이룬 것도 없으면서 심신만 덧없이 삭아간다.

 어디선가 감 하나가 뚝 떨어진다. 저녁놀이 가득한 마당이 졸지에 핏빛으로 물든다. 아무래도 한 해를 마무리하는 만추가 멀지 않은 듯하다.

억새꽃

거친 산등성이에 터를 잡았다. 물 한 방울 구경하기 힘든 척박한 능선에 자리를 틀었다. 햇볕이 잘 드는 곳이면 돌산에도 뿌리를 내리고 싹을 틔운다. 봄이 오면 푸른 잎을 내밀고 가을이 되면 깃털이 눈부신 하얀 꽃씨를 날려 보내 또 다른 세상을 만든다.

그리 높지 않은 산이지만 거미줄처럼 산길이 얽혀 있다. 둘레길에는 명상을 즐길 수 있는 편백 숲이 있고 등산길에 들어서면 억새 군락지가 넓게 펼쳐진다. 무성하게 올라온 봄 억새가 쇠등같이 굽은 산등성을 푸르게 하고 여름이면 어김없이 갈색 이삭을 밀어 올린다. 학의 깃털처럼 부푼 억새꽃이 늦가을 바람을 타고 어디론가 날아간다.

　신선이 학을 타고 내려왔다는 물가의 강선대降仙臺는 언제부턴가 공원이 되었다. 한때는 젊은이들이 이곳을 찾아 끓어오르는 열기를 발산하기도 했다. 갯내 나는 억새와 갈대밭을 헤집고 다니며 넘치는 열기를 식히고 토해냈다. 정의와 진리의 주장에 날이 저물고 자유를 들먹이며 목청을 높이다 보면 밤이 깊었다.

　강어귀는 늘 분주하다. 아침저녁으로 색을 달리하는 노을이 장관을 이루는 하구에는 물고기들이 바다와 강을 넘나들고 새들이 모였다 흩어지기를 반복한다. 산과 들을 지나온 강물이 잠시 머뭇거리자 바닷물이 급하게 마중을 나온다. 짜지도 싱겁지도 않은 강물이 모래톱을 지나면 넘실대던 파도가 하얀 포말을 만든다. 붉은 노을이 물비늘에 잘게 부서지면 검은 산그늘도 금세 물속에 빠져든다.

　능선의 억새도 갈대같이 서걱거린다. 바람이 불 때마다 비슷한 소리를 내지만 정착한 곳은 다르다. 같은 여러해살이풀이지만 억새는 산과 들에서 뿌리를 내리고 갈대는 바닷물이 들락거리는 강구에서 서로 얽어매고 의지한다. 어쩔 수 없이 해외로 입양되었던 형제처럼 이제는 남남이 되어 살아간다. 말과 글이 다르고 피부색도 다른 세상이지만 삶이 비슷하기에 서로의 영역을 존중하며 사는지도 모른다.

억새는 억세다. 자신의 이익만을 추구하는 모리배나 끊임없이 권력을 찾는 무리와는 다르다. 가족을 위한 일이라면 어떤 어려움도 참고 견디는 가장과 같이 눈보라가 사선을 그리며 산등성이를 내리치는 한겨울에도 휘청거릴 뿐 쓰러지거나 꺾이지는 않는다. 양지바르고 기름진 땅에서 밀려나도 자신의 영역을 떠나지 않고 억세게 자리를 지킨다. 죽어서도 마른 줄기를 꼿꼿하게 세운 채 새싹이 돋을 때까지 자리를 지킨다.

어떤 가수는 '으악새 슬피 우니 가을인가요'라고 했다. 톱날같이 거친 잎이 부대끼며 내는 소리를 듣고 가을이 찾아온다고 한다. 태풍에도 쓰러지지 않던 푸른 시절이 지나가고 물기 없는 온몸이 붉게 물들면 소슬바람에도 마른 잎은 슬피 운다. 억새도 외로움을 탄다. 찬바람이나 눈보라 때문만은 아니다. 산꿩이 양지바른 산기슭을 찾아가고 쓰르라미마저 떠나가면 산을 찾는 사람들이 흥얼거리는 노랫소리에 귀를 기울인다.

유년 시절 동네 할머니들을 따라 소 먹이러 다녔다. 멀리 바다가 보이는 높은 산에는 작은 분지가 있었다. 늙은 감나무 두 그루와 반쯤 썩은 돌배나무가 있는 것을 보면 예전에 누군가가 살았던 집터 같았다. 바닷바람이 불어오는 평지에는 누구도 쉽게 끼어들 수 없을 만큼 억새가 빼곡히 진을 치고 있었다. 이따금 풀벌레가 울고 바람이 불 때마다 긴 잎사귀가 일렁거리는 분지는 넓은 사색의 뜰이 되었다. 할머니들은 억새밭 너머 먼바다에 작은 배가 나타나면 사라질 때까지 말없이 바라보았다.

어릴 때 우리 집 아래채는 억새로 이엉을 엮었다. 억센 잎이 마르기 전에 이엉을 엮어야 부서지지 않고 모양이 잘 잡힌다. 깡마른 줄기는 어지간한 나무보다 단단하고 질기다. 볏짚은 쉽게 구할 수 있고 억세지 않아 다루기 쉬운 장점이 있지만 한 해도 제대로 버티지 못하고 빛이 바래고 풀이 죽어 여차하면 비가 샌다. 하지만 억새 지붕은 최소 십 년은 아무 걱정이 없을 정도로 완벽에 가깝다. 흙으로 구운 기와로 덮은 집보다 단열이 잘 돼 겨울에는 따뜻하고 여름에는 시원했다.

억새꽃을 보면 어머니의 흰머리가 떠오른다. 자식을 위한 사랑과 희생이 흰머리로 나타난다. 한 해가 저물어 가면 억새는 하얀 꽃씨를 하늘 높이 날려 보낸다. 다 떠나보낸 대궁은 집 떠난 자식을 기다리는 어미처럼 먼 곳을 바라본다. 차마 보고 싶다는 말은 하지 못하고 날아간 곳을 향해 바람이 불 때마다 몸을 떤다. 늦가을 햇살에 반짝이는 무채색의 하얀 꽃이 잊고 살았던 고향의 동심을 불러온다.

억새꽃이 긴 밤을 하얗게 지새운다. 가부좌를 튼 수도자같이 밤낮 같은 자세를 취하고 있다. 밤새 내린 찬 서리가 마른 잎마다 쌓이고 개구리가 겨울잠에 들어가도 꼿꼿한 자세를 풀지 않는다.

억새는 질곡의 세월을 견뎌낸 핏기 없는 몸뚱이를 흔들며 마지막 남은 씨앗을 떠나보낸다. 바람이 불고 눈비가 오는 세파 속에서도 꽃씨를 날려 보내는 대궁은 오직 자식을 지키며 살아온 강인한 모정이었다.

어떤 생명이든 자신의 영역을 확장하려고 한다. 살기 좋은 곳에다 자신만의 유전자를 퍼뜨린다. 머리를 치켜들고 덤벼드는 칡넝쿨은 숨을 쉬지 못할 정도로 경쟁자를 휘감고 갈참나무같이 큰 활엽수는 하늘을 가려 질식하게 만든다. 먼저 자리를 잡은 세력과 비집고 들어오려는 종족 간 소리 없는 전쟁은 끝도 없이 이어진다. 이기적인 유전자를 널리 퍼뜨리려고 애를 쓰는 것은 만물의 영장이라는 사람도 크게 다르지 않다.

봄날 푸른 꿈을 가슴에 남겨둔 채 산은 어느새 은빛 물결이 되어 출렁인다. 강물이 석양에 붉게 물들면 억새꽃 물결도 쇳물이 되어 일렁인다. 쏟아지는 은하수를 바라보며 꿈을 키워가던 억새는 하얀 서리가 내리자 곡기 끊은 노인처럼 백발을 풀어 헤치고 꽃씨를 털어낸다. 땅을 지키라는 유언 같은 꽃씨를 해마다 바람결에 날려 보낸다.

한여름 분갈이

 잠깐의 방심이 사고를 불렀다. 눈으로 보고도 믿기지 않아 한동안 바라봤다. 하루에도 몇 번씩 눈 맞추며 함께한 세월이 얼마였던가. 답답하고 좁은 공간에서도 불평 한마디 없이 묵묵히 자리를 지키더니 하룻밤을 버티지 못하고 이렇게 갈 줄은 몰랐다.
 베란다 화초들이 쓰러져 있다. 더위에 시든 것이 아니라 불에 탄 것처럼 까맣게 변한 것도 있다. 혹시 내가 잘못 봤나 싶어 가까이 다가갔다. 군자란처럼 잎이 넓은 화초들은 대부분 말라 죽었고, 산세비에리아와 관음죽같이 잎이 두껍거나 질긴 것은 잎을 돌돌 말고 구조의 손길을 기다리고 있었다. 한바탕 폭격이 지나간 전쟁터처럼 화초들이 열기를 피하지 못하고 밤새 초주검이 되었다.

에어컨 실외기 때문이다. 유리 너머 화초들이 죽음의 문턱에서 몸부림쳤지만, 누구도 눈치를 채지 못했다. 물을 주고 잎을 닦아주며 애지중지 길렀던 분신들이 나를 쳐다본다. 날마다 눈인사로 하루를 시작했지만, 오늘은 눈을 맞출 수가 없다. 매년 분갈이하고 다듬었던 화분이 맞나 싶다. 한 번이라도 베란다에 신경을 썼으면 이렇게 되지는 않았을 텐데 자책을 해보지만 이미 엎질러진 물이다.

사소한 방심이 화를 부를 때가 많다. 생산 현장 관리자였을 때 일이 생각난다. 장갑을 끼고 회전체를 만지다 손이 말려 들어가고 신호를 잘 보지 않고 중량물을 운반하다 대형 사고가 난 적도 있다. 심지어 안전 울타리를 뛰어넘고 무시하다 다시는 돌아올 수 없는 저세상으로 가는 경우도 보았다. 이 정도는 괜찮겠지 하며 방심하다가 일어난 사고가 대부분이다. 안전 장구를 착용해야 하는 줄 뻔히 알면서도 준비 없이 탱크나 하수구에 들어가는 것도 같은 맥락이다.

관리자였던 나도 마찬가지였다. 기계 소음이 심해 난청이 될 수 있으니 귀마개를 꼭 착용하라 해도 듣지 않고 다닐 때가 많았고, 안전모를 들고 현장을 돌아다니거나 방진 마스크를 하지 않고 탱크 속으로 들어갈 때도 있었다. 현장 작업자를 교육하고 관리하는 위치에 있는 상급자들도 안전 수칙을 지키지 않기는 마찬가지였다. 어쩌면 가르치는 사람이 더 기본을 지키지 않는 것 같았다.

무더위가 유난히 기승을 부리며 연일 최고 기록을 갈아치운다. 여름이면 당연히 지나가던 태풍도 더운 기운에 밀려 올라오지 못한다고 한다. 아무리 더워도 가끔은 시원한 비를 뿌려주던 소나기마저 자취를 감춘 지 오래다. 일반 채소나 고춧값이 두 배 이상 오를 것이라고 한다. 과일도 작황이 나쁘기는 마찬가지다. 밭작물은 견딜 수 있는 한계를 넘어섰고 식수원도 녹조현상이 심해지고 있다.

시골집에 갔더니 마당이 벌겋다. 빈집을 지키는 마당의 잔디는 심은 지 이십 년이 지났지만 이런 경우는 처음이다. 원형 탈모증처럼 마른 부분에다 비료를 주고 물을 흠뻑 붓는다. 얼마나 말랐던지 한참 지나서야 표면에 물기가 조금 서린다. 며칠만 일찍 와도 이렇게 벌겋게 타지는 않았을 것 같아 차마 물을 잠그지 못한다.

식물은 대부분 잎부터 마른다. 더는 견딜 수 없을 때 일어나는 현상이다. 잎이 먼저 마르는 것은 살아남기 위한 수단이다. 수분을 많이 증발시키는 잎을 스스로 떨어뜨려 자신의 몸통과 뿌리를 보호하는 것이다. 잎은 다시 돋아나지만 뿌리나 줄기는 한 번 마르면 소생할 수 없기 때문이다. 식물은 경험을 통해 살아가는 방법을 터득하고 있는 것 같다. 그렇지 않으면 지금까지 어떻게 살아남겠는가 싶은 생각이 든다.

 한동안 제대로 된 모습을 보지 못할 줄 알면서도 화분에 물을 준다. 잎은 말랐지만 뿌리는 살아 있을 것 같아 미안한 마음에 자꾸 물을 준다. 까맣게 탔든 시들었든 개의치 않고 평소처럼 물을 주다 보니 자책하며 불편했던 마음이 조금은 나아진다. 회생할 가망이 없는 것은 가위로 잘라내고 생사 구분이 애매한 것만 그대로 두었다. 대부분 줄기까지 말랐지만 살아 있다는 것을 알리려 애를 쓰는 것 같았다.

 물을 주던 화분을 한곳에 쏟았다. 뿌리와 줄기의 상태를 보고 선별했다. 잎은 다 죽었지만 뿌리는 멀쩡한 것이 많았다. 살아날 가능성이 있는 것만 골라 가지와 줄기를 다듬고 잔뿌리도 정리했다. 거름이 적당하고 배수가 잘되는 흙을 구해 산세비에리아와 관음죽부터 심었다. 말복이라 분갈이 계절은 아니지만, 경험을 바탕으로 정성껏 심었다. 뜨거운 열기에도 살기 위해 발버둥 쳤을 그때를 생각하며 조심스럽게 흙을 다졌다. 힘차게 뿌리내려 다시 활짝 웃기를 기대하며 그늘에다 놓는다.

 흙을 갈아주고 가지를 잘라주자 조금씩 생기를 되찾는다. 몇 개 남은 뿌리가 줄기를 향해 물을 빨아올리고 잎부터 만든다. 어떤 어려움이 닥쳐와도 좌절하지 않고 번식을 위해 사력을 다하는 것은 만물의 공통점인 것 같다. 얼마나 크게 충격을 받았는지 강력한 햇살을 등에 업고 죽을힘을 다해도 예전처럼 자라지는 않는다. 언젠가 상처가 허물처럼 벗겨지고 새잎이 돋아나면 꽃이 피고 열매를 맺을 것 같아 최선을 다한다.

살아가면서 모든 것을 챙길 수는 없다. 물리적 현상이나 능력이 닿지 않는 것은 어쩔 수가 없다. 하지만 조금만 더 신경 쓰고 한 번만 더 돌아보면 될 것을 놓치는 경우가 많다. 밤새 베란다의 화초들이 더운 바람을 이기지 못하고 죽어 갔듯이 돌아보면 그런 처지에 놓인 사람도 많을 것이다. 갈수록 배려하고 양보하기보다는 자신의 안녕과 영달에만 매진하는 사람들이 늘어만 간다.

달이 밝을수록 주위는 더 어둡게 보인다. 화려함 뒤에는 언제나 어두운 그림자가 있다. 문명의 혜택을 마음껏 누리는 사람이 많을수록 기본적인 삶을 누리기 힘든 사람도 많아진다. 언제나 더불어 잘사는 사회를 만들겠다고 하지만 격차는 점점 더 벌어지고 있다. 창문 밖 베란다에서 말라죽은 화초들처럼 누군가가 호사를 누리면 다른 곳에는 고통에 신음한다.

비 오듯 땀이 흐르지만 깔끔한 화분을 보니 미안한 마음이 조금은 줄어든다. 물을 흠뻑 머금은 화초가 싱긋 웃는다.

허청 虛廳

결국, 쓰러지고 말았다. 날마다 아프다고 말해도 아무도 관심이 없었다. 거뭇거뭇한 저승꽃이 곳곳에 피고 삭신이 비틀어져도 거들떠보지도 않았다. 비가 오려고 구름만 몰려와도 전신이 아파 누워 있을 정도가 되었지만, 나이 들면 다 그렇다며 외면했다.

섭섭했다. 한때는 하루에도 몇 번씩 뻔질나게 드나들더니 언제부턴가 개 닭 보듯 한다. 최근에는 문 앞까지 와서도 들어오지 않고 슬쩍 곁눈질만 하고 돌아갔다. 늙고 병들면 대접받기 어렵다는 것은 알았지만 이렇게까지 홀대할 줄은 몰랐다. 상태가 빠르게 나빠질 줄 몰랐던 게 불찰이었다. 내 몸부터 가꾸고 남들처럼 멋도 부리며 살아야 했는데 이제 와 후회한들 무슨 소용이 있겠는가 싶다.

평생 누구를 차별한 적이 없다. 그렇다고 지독하게 좋아하거나 흠모하지도 않았다. 삶이 다 그렇듯이 그저 무덤덤하게 하루하루를 보냈다. 사랑받고 다정하게 지내는 모습을 볼 때마다 부러웠지만, 함부로 따라 할 처지는 아니었다. 그래도 버림받거나 모진 대우를 받은 것은 아니다. 해마다 한 번쯤은 폼나게 단장도 해주었다. 사소한 일에 다사스럽게 간섭하지도 않지만 살아온 세월 때문인지 누가 참견하는 것도 싫었다. 오는 사람 막지 않고 가는 사람 잡지 않는 앞산처럼 이해득실을 따지지 않고 찾아들면 말없이 재워주었다.

대부분 아침에 나갔다가 저녁이면 돌아온다. 눈비가 오는 날이면 급작스럽게 몰려들기도 한다. 십중팔구는 단골손님들이다. 말이 그렇지 누구도 반기지 않을 만큼 지저분하고 남루한 차림이 많다. 어디서 무슨 일을 하는지도 잘 모른다. 각자 바쁜 세상이라 설사 안다고 한들 무슨 소용이 있겠는가 싶어 자세히 묻거나 군소리하지 않고 받는다. 온갖 나그네들이 다 모여드는 봉놋방처럼 그저 밤이슬이나 비바람만 피하는 정도라 특별한 대가를 바라지도 않는다. 냄새가 진동하고 왁자지껄 떠들어 대지만 텅 빈 공간을 혼자 지킬 때보다는 훨씬 좋다.

밤이면 중요한 정보를 교환하거나 소통의 장소가 되기도 한다. 워낙 직업이 다양한지라 정치 경제 문화 할 것 없이 세상 돌아가는 이야기가 끝없이 이어진다. 굳이 돈 들여가며 TV나 신문을 볼 필요도 없다. 온종일 돌아다니며 물고 온 이야기는 증권가 지라시에서나 볼 수 있는 검증되지 않은 정보와 매스컴에도 등장하지 않은 비밀스러운 이야기가 많다. 그중에서도 가장 관심을 끄는 대목은 은밀한 곳에서 이루어지는 고관대작들의 은밀한 거래나 연예인들의 사생활이다. 화려하고 번듯한 겉모습이 허물어지는 모습은 상상만 해도 통쾌했다. 어떤 날은 거의 가수면假睡眠 상태까지 들어갔다가 화들짝 일어난 적도 있다. 심각하고 무거운 기사보다는 다소 신빙성이 떨어져도 가십거리의 파급력이 훨씬 더 크다.

　좋은 일만 있는 것은 아니다. 때로는 자리 쟁탈전도 벌어진다. 썩은 냄새를 풍기는 곳에는 자리가 널찍해도 늘씬하고 잘생긴 놈들이 모여 있는 곳에는 늘 북새통이다. 때가 되면 일터로 나가 자신의 역할을 다하고 돌아오지만 그렇지 않을 때도 있다. 불의의 사고나 험한 일을 당해 영영 불귀의 객이 되거나 전신에 상처를 입고 겨우 숨만 쉬며 돌아오기도 한다. 운이 좋으면 바로 병원을 찾아가 치료받지만, 형편이 여의치 않으면 그길로 시름시름 앓다가 존재감 없이 생을 마감한다. 자신들도 언젠가는 그렇게 될 줄 알기에 그런 날은 분위기가 숙연해진다. 단지 시차만 있을 뿐 모두가 가야 할 길이기에 침울한 분위기가 한동안 이어진다.

유별난 사랑을 받아본 기억은 없어도 계륵 같은 존재는 아니었다. 온갖 궂은일을 말없이 처리하는 마당쇠처럼 중심에서 비켜나 있었을 뿐이다. 한평생 숙명이라 생각하며 살다 보니 앞에 나서는 것 자체가 불편했다. 남들이 곱게 단장하고 몸치장을 해도 눈에 잘 띄지 않는 구석진 곳에서 마냥 지켜보기만 했다. 따라 하고 싶은 마음이 울컥거릴 때마다 언감생심 꿈도 꾸지 말자며 스스로 다독였다.

세월은 비켜 가지 않았다. 전국이 초토화된 태풍 매미호 때도 잘 버텼는데 지난 장맛비에 허무하게 무너지고 말았다. 전조증상이 없었던 것은 아니다. 곳곳에 생긴 틈새로 바람이 들어오고 틈만 나면 부르지도 않은 담쟁이넝쿨이 머리를 들이밀었다. 불혹을 넘기자 삐딱하던 벽이 자꾸만 바깥쪽으로 기울더니 용마루가 날아가고 슬레이트가 깨져 비가 새기 시작했다. 급기야 잔잔하게 내리는 장맛비도 견디지 못하고 대들보가 내려앉았다.

무너진 헛간을 철거한다. 내 손으로 지었던 집을 종일 부수고 뜯은 부재들을 들어낸다. 거무튀튀한 슬레이트와 검게 변한 시멘트 블록 벽이 사라진 자리에 깔끔한 강철 패널을 세운다. 언젠가는 또 없어질 줄 알지만, 몇 주째 벽을 만들고 지붕을 올리느라 휴일마다 땀범벅이 된다.

형제의 무대

　여운은 짧지 않았다. 텅 빈 무대를 향한 객석의 박수가 오래도록 이어졌다. 걱정했던 목청도 연습 한번 없이 바로 섰던 발림도 무난하게 넘어갔다. 마지막 장단이 끝나자 북을 치던 스승의 얼굴에도 환한 미소가 피어올랐다. 비로소 안도의 한숨을 길게 내쉬었다.
　지도교수는 막무가내였다. 몇 번이고 정중하게 사양했지만 통하지 않았다. 혼자 결정할 문제가 아닌지라 확답을 할 수가 없었다. 한번 빼 든 칼은 절대 거둬들이는 법이 없다는 것을 잘 알기에 한발 물러섰다. 동생과 의논해보고 조만간에 연락하겠다는 말과 함께 평행선을 달리던 통화를 끝냈다.

문학 행사의 공연 때문이었다. 출판 기념과 시상식이 끝나면 지신 밟듯 한바탕 분위기를 띄워달라고 했다. 그것도 다른 출연자는 배제하고 동생과 함께 꾸려 달라는 단서가 붙었다. 무슨 노래를 하든 전혀 상관하지 않을 테니 알아서 삼십 분 정도 하되 어려우면 이십 분만 해도 좋다며 거절할 수 없게 만들었다. 대중가요를 부르든 장구를 메고 민요를 하든 마음대로 하라며 전권을 위임했다.

여태 한 번도 그런 적이 없는 모임이었다. 본 행사가 끝나면 전공자를 초청해 기악 연주나 성악을 선보일 때도 있지만 반별 장기자랑이나 수필낭송으로 여흥을 즐길 때가 많았다. 한 해를 마무리하는 행사라 초등학교 학예회처럼 모두가 참여하는 데 중점을 두었다. 처음에는 적극적인 참여로 화기애애하고 가족적인 분위기였지만 회원들의 고령화에 따른 레퍼토리의 고갈로 흥미를 잃어갔다.

동생에게 물었더니 그날은 약속이 있다고 했다. 매년 연말이면 민요를 배우던 사람들이 모이는 날이라며 난색을 보였다. 어렵사리 잡은 일정이지만 조정은 해보겠다고 했다. 형의 말을 한 번도 거절한 적이 없는 동생이라 부담을 덜어주려고 어려우면 안 해도 된다는 사족을 달았다. 저녁 무렵 전화가 왔다. 일정을 하루 앞당겨 진행하고 그날 참여하겠다는.

바로 공연 프로그램을 짰다. 우선 관객이 공감하며 즐길 수 있는 곡부터 선정했다. 경기민요와 남도소리의 특징을 살리되 서로 중복되지 않게 넣고 빼기를 반복하며 선곡과 배열에 신중을 다했다. 같은 노래라도 주변 곡과 조화를 이루지 못하면 하지 않음만 못할 때가 많다. 남도소리와 경기민요의 곡목과 순서를 놓고 수시로 동생과 의논했다. 다행히 장르가 다양하지 않고 출연자도 많지 않아 바로 정리가 되었다.

문제는 고수였다. 삼현육각이면 좋겠지만, 여건상 장구에만 의존하기로 했다. 아무리 생각해도 마음에 걸렸다. 반찬 없이 맨밥만 먹는 것 같아 반주자 없이 무대에 설 수 없다는 생각이 들었다. 생각 끝에 판소리 선생님께 도움을 요청했다. 전화기를 들고 조심스럽게 설명했더니 일정을 살펴보고 연락을 주겠다며 흔쾌히 승낙했다. 호흡을 많이 맞추기도 했지만, 워낙 인지도가 높은 실력파라 반쯤 성공한 것 같았다.

다음날 스승을 찾아갔다. 자초지종을 설명하고 선곡을 의논했다. 미리 준비해간 프로그램과 곡을 놓고 다시 자르고 붙이기를 반복했다. 모임의 목적이나 관객의 수준에 맞게 편성하고 가사와 장단도 변화를 주었다. 누구나 쉽게 접할 수 있는 곡을 중심으로 하되 맛보기형식을 취하기로 했다. 단가 하나와 판소리 눈대목 한 곡만 해도 십오 분은 충분히 걸리기에 지루하지 않게 편성했다. 대부분 한 소절만 하고 최대한 줄였다. 수년간 배우고 가르치던 곡이라 금세 의견일치를 보았다.

  목이 말썽이었다. 심한 목감기가 나을 기미를 보이지 않았다. 며칠 남았을 때까지도 노래는 고사하고 말하기조차 힘들었다. 병원을 두 번이나 다녀와도 별반 차도가 없었다. 갈 때마다 중요한 공연이 있다고 말해도 의사는 긴 면봉으로 코를 후벼 파며 코로나 검사에만 치중했다. 꿀이 좋다는 말에 하루에도 몇 번씩 꿀단지를 여닫으며 머금고 넘겨봐도 전혀 진척이 없었다. 할 수 없이 하루도 거르지 않고 마시던 커피도 끊고 열심히 약을 먹었다. 마스크와 머플러를 착용하고 따뜻한 물을 자주 마시라는 처방도 철저히 따랐다.

  내일 또 오라고 했다. 무대에 서려면 반드시 발림을 해야 한다며 부채를 꼭 챙기라는 문자까지 보냈다. 공연 이틀을 남겨두고 춤동작을 가르쳐준다는 말에 어안이 벙벙했다. 몸 흔들기를 워낙 싫어하고 해본 적도 없는지라 걱정이 앞섰다. 노래하기도 바쁜데 춤까지 추면서 부채를 폈다 접으라는 말에 돌아가는 내내 혼란스러웠다. 배운 적도 흉내조차 내 본 적이 없는 발림을 한다는 말에 약간은 주눅이 들었다. 집에 도착하자마자 수년 동안 나무통에서 잠자던 부채부터 챙겼다.

  그날은 두 시간 전에 식장에 도착했다. 장구와 북, 의상을 어색하게 챙겨 들고 동생과 함께 식장에 들어섰다. 이미 집행부 간부들이 식장을 분주히 오가고 있었다. 동생은 결혼식 때 입은 한복이라 잘 맞을지 모르겠다며 한 벌을 건네주었다. 선택의 여지가 없었다. 시간 맞춰 도착한 선생과 함께 무대에 올라 객석 배치부터 살펴보고 마이크와 음향 상태도 점검했다. 여리고 다부진 체구의 선생은 구석구석을 다니면서 노래를 계속 불러보라고 했다. 공연장이 크지 않아 북과 장구 소리가 너무 크다며 작은 마이크는 치워버렸다.

드디어 3부 공연이 시작됐다. 한복을 곱게 차려입은 출연진 세 명이 무대에 오르자 박수가 쏟아졌다. 간단한 소개가 끝나자 경기민요 〈정선 아라리〉가 시작됐다. 훤칠한 키에 잘 단련된 목청이 뿜어내는 애잔하고 구슬픈 메나리조 가락이 순식간에 공연장 분위기를 바꿨다. 객석에는 정적이 흘렀다. 옆 사람과 잡담하거나 바다를 내다보던 시선이 일시에 무대로 향했다. 흥겹고 신나는 경기민요의 진수 〈창부타령〉에는 저절로 추임새가 터져 나왔다. 동생이 만들어 놓은 열기에 편승해 〈한오백년〉 한 소절로 목을 점검하고 판소리로 향했다. 고수와 눈을 맞추고 관객들과 소통하며 단가 〈사철가〉를 필두로 〈춘향가〉의 '사랑가'와 〈흥보가〉의 '박 타는 대목'을 연달아 불렀다. 발림과 목 때문에 걱정했던 판소리를 무난히 끝내고 동생에게 마이크를 넘겼다. 다 함께 〈뱃

노래, 자진 뱃노래〉를 부르는 동안 잠시 쉬다가 다시 무대에 올라 〈진도아리랑〉을 이어갔다. 객석을 돌면서 관객들과 함께 만드는 무대를 끝으로 공연이 끝났다.

　짧은 기간에 별 준비 없이 강행한 공연이었다. 급작스럽게 무대에 오를 줄은 생각해 본 적이 없었다. 판소리 대회에 나가보라는 선생의 말에도 북장단에 소리를 배우는 것만으로도 만족한다며 극구 손사래를 쳤다. 당연히 무대복도 없었다. 한복은 준비해야 한다고 했지만 별 의미를 두지 않았다. 연습 한 번 하지 않고 급조된 무대였지만 잘 끝났다는 고수를 맡았던 스승의 말에 긴장이 풀리며 머리가 맑아졌다.

　오래전부터 형제의 무대를 꿈꿨다. 각자 타고난 끼를 넓은 무대 위에서 발산하고 싶어 했다. 민요와 옛노래를 수없이 흥얼거려도 다섯 형제가 한 무대에 선 적은 없었다. 우물쭈물하는 새 형님들은 다 떠나갔다. 지금은 반쪽만 남아 유년 시절의 아련한 기억을 소환하며 가슴속 응어리를 게워낸다. 해가 바뀌기 전에 한 번 모이자는 동생의 전화를 받자 영혼의 소리가 먼저 요동친다.

김순경 수필집
검·은·꽃

인쇄 2024년 5월 24일
발행 2024년 5월 31일

지은이 김순경
발행인 서정환
펴낸곳 수필과비평사
주소 서울시 종로구 삼일대로 32길 36(익선동 30-6 운현신화타워 빌딩) 305호
전화 (02) 3675-5635, (063) 275-4000·0484
팩스 (063) 274-3131
이메일 essay321@hanmail.net
출판등록 제300-2013-133호
인쇄·제본 신아출판사

저작권자 ⓒ 2024, 김순경
이 책의 저작권은 저자에게 있습니다. 서면에 의한 저자의 허락없이 내용의 일부를 인용하거나 발췌하는 것을 금합니다.
COPYRIGHT ⓒ 2024, by Kim Sungyeong
All rights reserved including the rights of reproduction in whole or in part in any form.
저자와 협의, 인지는 생략합니다.
잘못된 책은 바꿔 드립니다.

ISBN 979-11-5933-530-3 (03810)
값 15,000원

Printed in KOREA

 부산광역시 부산문화재단
본 사업은 2024년 부산광역시, 부산문화재단 〈부산문화예술사업〉으로 지원을 받았습니다.